텃밭농사
흙만들기
비료사용법
교과서

ILLUST KIHON KARA WAKARU TSUCHITO HIRYONO
TSUKURIKATA & TSUKAIKATA
Supervised by Itsuo Goto

Copyright © Ie-No-Hikari Association, 2012
All rights reserved.
Original Japanese edition published by Ie-No-Hikari Association
Korean Translation Copyright © 2022 by BONUS Publishing Co.
This Korean edition published by arrangement with Ie-No-Hikari Association, Tokyo,
through HonnoKizuna, Inc., Tokyo, and BC Agency

이 책의 한국어판 저작권은 BC 에이전시를 통한 저작권자와의 독점 계약으로 보누스출판사에 있습니다.
저작권법에 의해 한국 내에서 보호를 받는 저작물이므로 무단전재와 무단복제를 금합니다.

텃밭 농사
흙 만들기
비료 사용법
교과서

기본부터 알려주는 흙 진단, 거름주기, 석회 주기,
비료 주기, 흙 소독하기

이에노히카리협회 지음
고토 이쓰오·하상건 감수
김소영 옮김

보누스

머리말

맛있는 채소와 예쁜 꽃을 기르려면 먼저 흙 만들기부터

농사를 업으로 하는 사람은 물론이고 취미 원예를 하는 사람이라면 누구나 가장 먼저 머리에 떠올리는 작업이 바로 흙 만들기입니다.

흔히 말하는 '흙 만들기'란 없던 흙을 만드는 작업이 아닙니다. 애초에 흙이란 자연이 오랜 세월을 들여 만들어낸 것이라서 인간의 힘으로 어떻게 해볼 수 있는 것이 아니니까요. 흙 만들기란 흙의 산성도(pH)나 양분 상태를 관리해서 작물이 자라나기 쉬운 환경을 다지는 작업을 말합니다.

최근 들어 다양한 형태의 식물 기르기가 유행하면서 도시 근교를 중심으로 시민(분양) 텃밭이나 체험 텃밭이 늘어나고 텃밭 상자나 화분 등을 사용해 손쉽게 가정 원예를 즐기는 사람도 늘어났습니다. 흙을 만지고 작물을 기르는 즐거움을 느끼면서 '농업'이 사람들의 일상에서 친숙한 존재가 되어가는 것은 무척 기쁜 일입니다. 하지만 원예의 바탕이 되는 흙과 비료에 대해 어느 정도까지 이해하고 있는지는 조금 의문이 듭니다.

작물을 기르기에 앞서 땅을 갈고 퇴비 같은 유기물을 넣은 뒤 폭신폭신하게 만들고, 석회나 인산 등 토양 개량 자재와 밑거름을 넣습니다. 이러한 방식으로 흙을 만드는 일이 거듭되고 있지요. 이런 작업 방식이 잘못되었다는 것은 아닙니다. 우리가 접하는 땅 대부분은 산성이라 인산이 적어 작물을 기르기에 적합하지 않으니까요. 그러나 오랜 시간 비슷한 방법으로 흙을 다져왔기 때문에 흙 속에 인산이나 칼륨 등의 양분이 많이 축적된 상태입니다. 인간의 몸에 비유하자면 대사증후군이 일어난 셈입니다.

'흙의 대사증후군'은 비단 농가의 밭에서만 볼 수 있는 것이 아닙니다. 가정의 채소밭이 사태가 더 심각합니다. 보통 원예 애호가들은 자신만의 스타일이 강해서 자재 경비를 고민하기보다는 많은 양의 비료나 퇴비를 필요 이상으로 아낌없이 넣기 때문입니다.

건강을 유지하려면 식사량의 80퍼센트만 먹는 것이 기본 상식인 것처럼, 토양의 양분도 살짝 적게 넣어야 병해충에 강하고 작물이 잘 자라는 흙이 됩니다. 올바른 지식이 없으면 흙에 과도한 양분을 공급해서 작물 생육을 나쁘게 만들 뿐만 아니라 병해충이 생기기 쉬운 흙이 됩니다. 게다가 '흙의 대사증후군'은 호수의 부영양화라는 환경오염으로 이어지기 십상입니다.

이 책은 먼저 흙 자체에 대한 이해를 높인 다음, 독자 스스로 앞으로 쓸 흙의 상태를 진단하고 적정한 흙 만들기와 비료 주기를 할 수 있도록 구성했습니다. 흙을 만들 때는 먼저 퇴비 같은 유기물을 넣어 폭신폭신하게 만드는 작업을 합니다. 그 후에 퇴비와 별도로 석회 자재를 줍니다. 물론 과도하게 주는 일은 피해야 합니다. 이는 농사의 기본이며 꼭 알아야 하는 핵심 지식이지만 많은 사람이 숙지하지 않습니다. 이 책에는 흙과 비료에 관한 기초 지식부터 실전 농사법까지 두루 담았습니다. 분명 유용한 안내서가 될 것입니다.

흙과 비료 모두 지구가 가진 유한한 자원입니다. 이 귀중한 자원을 써야만 정원이나 텃밭을 가꾸고 돌보는 즐거움을 느낄 수 있다는 사실을 잊어서는 안 되겠지요. 먼저 흙 만들기의 원리를 이해하고, 한계가 있는 자원을 필요한 만큼만 사용하면서 원예를 즐기는 방식이 널리 퍼지기를 바랍니다.

차례

머리말 맛있는 채소와 예쁜 꽃을 기르려면 먼저 흙 만들기부터 •4

제1장 흙이란 무엇인가

1-1 소중한 자원, 흙
- 흙은 지구의 피부 •12
- 사람의 마음을 치유하는 흙 •13
- 흙은 어디서 생겼을까 •14
- 한국의 흙은 나이가 많다 •16
- 한국에 분포하는 흙의 종류 •16
- 일본의 흙은 비옥하지 않다 •18
- 일본에 분포하는 흙의 종류 •18

1-2 흙의 성질과 구조
- 입자 크기로 달라지는 성질 •20
- 흙의 구조 알기 •22
- 유기물이 흙 속에 떼알을 만든다 •23

1-3 흙과 식물의 관계
- 식물의 생장 구조와 흙의 역할 •24

1-4 식물이 좋아하는 흙
- 알아두어야 할 흙의 세 가지 조건 •26
- 흙의 물리성: 배수와 흡수 •27
- 흙의 화학성: pH와 보비력 •29

1-5 다양한 토양 미생물
- 식물과 동물과 미생물의 순환 •32
- 다양한 미생물의 역할 •33
- 종류에 따라 먹이도 다르다 •34
- 공기를 좋아하는가 싫어하는가 •35

1-6 흙 속 미생물의 활동
- 식물 뿌리와 미생물 •36
- 식물이 몸을 지키는 방법 •37
- 미생물의 공존과 적대 •38
- 이어짓기로 생기는 토양 전염성 병해 •39

column 흙 속 작은 동물들 •40

제2장 흙의 건강 진단

2-1 흙 관찰하기
물리성 체크
건강 진단은 사람도 흙도 마찬가지 •42
흙 직접 보고 만져보기 •43
흙 파보기 •44

2-2 흙의 pH 측정하기
화학성 체크 ①
pH 시험액과 리트머스 시험지 •46

2-3 흙의 양분 알아보기
화학성 체크 ②
집에서 할 수 있는
간단한 양분 조사법 •50

2-4 살아 있는 흙인지 알아보기
생물성 체크
미생물이나 작은 곤충의 활동 보기 •52
흙의 생물성을 보는 방법 •53
흙의 생물성을 개선하는 방법 •53

2-5 토양 검정을 의뢰하는 방법
토양 검정이란 무엇인가 •54
시료를 채취하는 방법과 검정 의뢰 •54

[column] 흙 건강 진단법 총정리 •56

제3장 흙 만들기와 재배의 기본

3-1 흙 만들기
땅을 가는 목적 •58
자재를 투입하는 순서 •59

3-2 퇴비 주기
퇴비의 역할과 사용법 •60

3-3 석회 자재 주기
석회 자재의 역할 •62
석회 자재 주는 법 •64
과다 투입에 주의 •65

3-4 알칼리성 토양 개량하기
산성 토양보다 개량하기 어렵다 •66

3-5 비료 주기
비료로 양분 조절 마무리하기 •68

3-6 밭 토양의 염류 제거와 소독
연작 장해를 막아준다 •70
과다한 양분을 흡수해주는 작물 •71
태양열로 하는 토양 소독 •71

[column] 토양 소독 족집게 레슨 •74

제4장 화분과 텃밭 상자의 흙 만들기

4-1 상자 재배의 특징
  뿌리를 뻗을 공간이 좁다 •76
  재배용 흙은 배수가 중요하다 •76
  비료는 자주 넣어준다 •78

4-2 주요 재배용 흙의 특징
  배합이 기본 •79
  기초가 되는 기본 재배용 흙 •79
  기본 재배용 흙을 보완하는 흙 •81
  작물마다 흙 종류가 다르다 •84
  라이프 스타일에 맞춘 재배용 흙 배합 •85

4-3 화분과 텃밭 상자 고르기
  상자의 재질 •86
  상자 바닥이 중요하다 •86

식물의 성장에 맞춰 화분을 교체한다 •89
식물과 화분 크기의 관계 •90

4-4 시판 배양토 잘 고르는 법
  편리한 시판 배양토 •92

4-5 재배용 흙 배합의 기본
  기본 재배용 흙의 차이에 따른 조절 •94
  양분이 풍부한 재배용 흙을 만드는 법 •95

4-6 흙 소독
  태양열로 소독하기 •96

[column] 재생토 사용하기 •98

제5장 비료의 기본과 고르는 법

5-1 흙과 비료의 관계
  왜 비료가 필요한가 •100
  채소와 꽃을 만들기 위함이다 •100

5-2 식물이 필요로 하는 원소의 종류
  17가지 필수 원소 •102
  비료의 3요소 •104

5-3 양분은 과부족이 없도록
  부족한 양분 보충하기 •106
  부족하면 이런 증상이 나타난다 •106
  양분이 지나쳐도 문제다 •109
  양분의 균형이 중요하다 •109

5-4 비료의 분류 1
  원료에 따른 분류
  세가지 비료 분류법 •110
  무기질 비료와 유기질 비료 •110
  유기질 비료는 효과가
  천천히 나타나며 오래간다 •111
  복합 비료와 단비 •113

5-5 비료의 분류 2
  형태에 따른 분류
  고형 비료와 액체 비료 •116
  형태에 따라 효과가 다르다 •116

5-6 비료의 분류 3
효과에 따른 분류
속효성 비료 사용법 •118
완효성 비료 사용법 •119
지효성 비료 사용법 •120
비료 성분에 따라 달라지는
비효 속도 •121

5-7 비료 한눈에 보기 •122

5-8 비료 잘 고르기
편견에서 벗어나 골고루 •124
단비 잘 활용하기 •125

> column 비료 구입법과 보존법 •126

제6장 비료 사용법

6-1 기본적인 사용법
적정 비료 사용량을 지키자 •128
비료 사용의 기본 •129

6-2 작물에 따른 비료량의 차이
맛있는 채소는 '질소를 야금야금' •130
비료 효과 보는 법 •131
비료량 정하기 •132
생육 시기별 필요 성분 •133

6-3 계절에 따른 비료량의 차이
봄과 가을에는 넉넉하게 •134

6-4 밑거름 주기
전면 시비와 이랑 시비 •136

6-5 웃거름 주기
웃거름의 기본 •138
구멍 뚫기, 홈 파기, 흩뿌리기 •138
웃거름은 어디다 줘야 효과적일까 •140
이럴 때 웃거름은 금물 •141

6-6 액체 비료 주기
물 대신 주는 액비 •142
액비는 질소와 칼륨이 중심 •143

6-7 발효 비료 사용법
가정 원예도 웃거름으로 편리하게 •144
발효 비료의 기본 •145

6-8 발효 비료 만드는 법
친숙한 재료를 사용해서
발효 비료 만들기 •146

찾아보기 •150

일러두기

- 한국과 일본은 자연 환경이 비슷하지만, 토양과 생육 조건이 미묘하게 달라서 이를 감수자의 도움으로 보완했습니다.
- 제2장 흙의 건강 진단에서 언급한 토양 진단 키트는 일본 제품이지만 국내에서도 구매할 수 있어 소개합니다. 우리나라 시군에 위치한 농업기술센터에 토양 검정(건강 진단)을 의뢰할 수 있으니 참고 바랍니다.(54쪽 참고)
- 제6장에서 언급하는 발효 비료는 현장에서 보카시 비료라고 일컫는 것으로, 천연 유기질 비료를 말합니다.

제1장

흙이란 무엇인가

평소에 우리가 예사롭게 생각하는 흙은 지구상의 온갖 생명과 환경을 길러내는 근원입니다. 바꿔 말하면 '토양'이란 '작물을 재배할 수 있는 배지'라고 할 수 있지요. 이는 지구가 오랫동안 공을 들여 만들어온 것입니다. 여러분은 흙에 대해 얼마나 알고 계십니까? 흙의 기능과 구조를 알면 채소나 꽃을 기를 때 각각의 작업이 왜 필요한지 한층 더 깊게 이해할 수 있습니다.

소중한 자원, 흙

흙은 지구의 피부

흙이란 지구의 육지 표면을 덮고 있는, 이른바 '지구의 피부'나 마찬가지입니다. 주원료는 암석이며 물, 공기, 동물, 미생물 등 자연이 온갖 힘을 발휘하여 오랜 세월에 걸쳐 만들어낸 훌륭한 보물이 바로 '흙'이지요.

평범한 논이나 밭에서 흙의 깊이는 1미터 정도입니다. 하지만 지구상의 모든 흙을 한데 모은 다음에 다시 골고루 펼쳤을 때는 두께가 고작 18센티미터밖에 되지 않는다고 합니다. 흙은 바위가 조금씩 가루가 되어 생깁니다. 그런데 1센티미터 두께의 흙이 만들어지려면 200년 이상이 걸립니다. 이처럼 흙은 지구에 둘도 없는 소중한 자원입니다.

사람의 마음을 치유하는 흙

채소나 꽃을 기르고, 수확하거나 감상하며 원예를 즐기는 사람이 매년 늘어나고 있습니다. 가정집의 앞마당, 화단, 베란다에서 화분이나 텃밭 상자 재배를 하는 것은 물론이거니와, 도시 텃밭의 일부를 활용하여 희망자들에게 구획을 빌려주는 시민 텃밭이나 체험 텃밭도 인기가 많습니다. 지금까지 흙을 만질 기회가 없었던 사람들에게 텃밭 농사가 유행하면서 흙은 점점 우리에게 친숙한 존재가 되고 있습니다.

사람과 흙의 관계는 원예 분야에서만 볼 수 있는 것은 아닙니다. 고령자나 장애인을 위한 프로그램 중에서는 '원예 요법'(원예 치료)도 있습니다. 식물을 길러서 감상하고, 수확하고, 가공하는 다양한 원예 활동으로 마음을 치유하고 몸의 기능을 회복하는 것이지요. 원예 활동을 즐기면서 일상생활을 알차게 만들어 만족감이나 삶의 보람을 얻으려는 '원예 복지'라는 영역도 있습니다. 이처럼 의료나 복지 분야에서도 원예는 큰 주목을 받고 있습니다.

소중한 지구의 자원인 흙은 사람들의 생활과 밀접하며 영향력을 미치는 범위를 점점 넓히고 있습니다. 흙은 흔하디흔한 존재라 생각할지도 모르겠지만, 지금이야말로 흙을 깊게 이해하는 것이 중요한 시대입니다.

흙은 어디서 생겼을까

처음에 지구는 암석으로만 이루어져 있었습니다. 그런데 태양열로 생긴 갈라진 틈새에 물이 들어갑니다. 이 물이 얼면서 부피가 팽창할 때 틈새가 벌어져 암석은 여러 덩어리로 부서집니다.(풍화작용) 빙하의 이동이 암석을 깎아내고 암석을 잘게 쪼갭니다. 거기에 식물에서 생긴 유기물이 더해져 흙이 생긴 것으로 추측합니다.

뜰에 있는 흙을 손에 올리고 손가락 끝으로 문질러 보세요. 흙에는 까슬까슬한 모래와 반들반들한 점토가 함께 들어 있습니다. 모래는 암석이 풍화되어

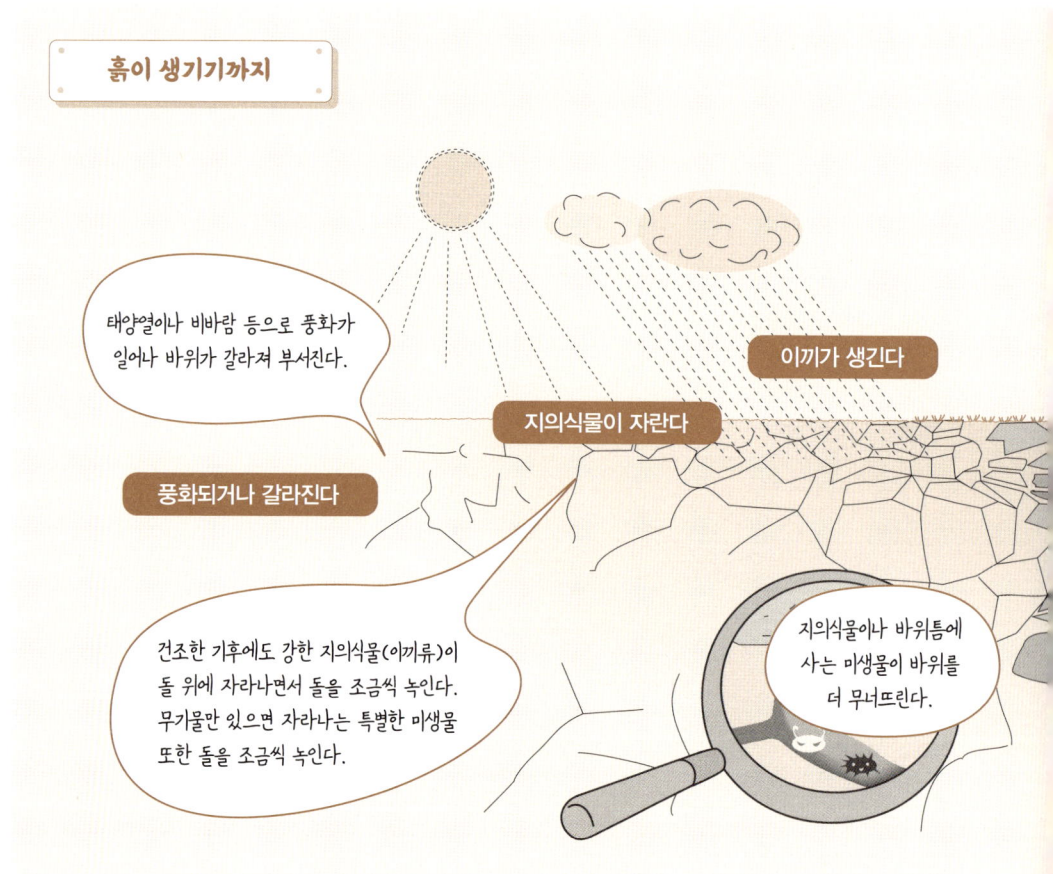

흙이 생기기까지

태양열이나 비바람 등으로 풍화가 일어나 바위가 갈라져 부서진다.

이끼가 생긴다

지의식물이 자란다

풍화되거나 갈라진다

건조한 기후에도 강한 지의식물(이끼류)이 돌 위에 자라나면서 돌을 조금씩 녹인다. 무기물만 있으면 자라나는 특별한 미생물 또한 돌을 조금씩 녹인다.

지의식물이나 바위틈에 사는 미생물이 바위를 더 무너뜨린다.

잘게 쪼개진 것이고 점토는 모래의 일부가 물이나 공기와 화학 반응을 일으켜 생긴 것으로, 둘은 본질적으로 구조가 다릅니다. 흙의 색깔은 대부분 거무스름한 편인데, 부식이라 불리는 유기물 때문입니다.

부식이 시멘트처럼 모래와 점토를 이어준 덕분에 흙이 만들어집니다. 이 과정을 몇 천 년, 몇 만 년이나 반복하며 생겨난 것이 흙입니다.

수피(바크)

나무껍질을 가루로 만든 것. 통기성이 뛰어나며 난초류의 재배용 흙으로 사용된다. 또한 큰 파편은 관엽식물 화분 위에 깔아두면 배수와 통기성이 좋아지며 보기에도 좋다.

식물이 자라남

지의식물이나 이끼가 무너뜨려 움푹 파인 바위 부분에서 작은 풀이 자라난다.

이윽고 흙으로 구성된 층이 두꺼워지고 식물의 뿌리나 곰팡이의 균사도 늘어나면서 식물에 적합한 떼알 구조의 흙이 된다.

숲이 생김

마른 식물

부식이 시멘트와 같은 작용을 해서 모래와 점토를 연결하고, 흙의 고유한 구조인 떼알을 형성한다.

돌이 녹으면서 나오는 성분(규산과 알루미나)이 물속에서 반응하여 점토가 만들어진다.

떼알

흙이란 무엇인가

한국의 흙은 나이가 많다

사람으로 치면 한국의 흙은 노령기입니다. 고로 영양분을 머금을 수 있는 능력인 CEC 지수가 낮습니다. 화강암이 부서져 만들어진 것이 대부분이라 산성을 강하게 띤다는 점도 특징입니다. 화학 비료(이하 무기질 비료)의 보급으로 농산물의 수확량이 급증하였으나, 흙 속 양분 과다로 인한 장해 현상, 비료 성분으로 인한 수질 오염 등의 문제가 함께 나타나기도 합니다.

비나 바람의 영향도 토양의 성질을 결정하는 데 큰 역할을 합니다. 한국은 연간 평균 강수량이 1,000~1,500밀리리터 정도로 많은 편인 데다가 6~9월 사이 장마 기간에 600밀리리터 이상의 호우가 집중되기 때문에 흙 속의 영양분이 빗물을 타고 지하수로 쓸려가 버립니다. 그 결과 흙에는 칼슘이나 마그네슘이 풍부하지 않습니다. 또한 미네랄 성분이 빠져나간 자리에 빗물 속 수소 이온이 들어가 흙이 산성화됩니다.

한국에 분포하는 흙의 종류

한국은 국토 대부분이 산악지대로, 갈색산림토가 가장 많이 분포하고 있습니다. 전국의 기후 조건이 비슷하므로 지형 요인이 토양 특징을 결정짓습니다. 전체 경지의 40퍼센트는 급경사의 산지 사이에서 발달하는 곡간지가 차지하고 있습니다.

물을 구하기가 쉬워 소규모의 논이 많습니다. 산기슭에 위치한 산록 경사지는 물을 대기 어려워 주로 밭으로 많이 이용합니다. 하천에 퇴적물이 쌓여 만들어지는 하성 평탄지와 하천이 해안과 만나는 곳에 만들어지는 혼성 평탄지는 토양층이 깊고 비옥도가 높아 농업에 적합한 지형입니다. 서해안과 서남해안에 분포하며 한강, 영산강, 낙동강, 금강, 섬진강 유역에서도 나타납니다.

보통논은 주로 곡간지 및 평탄지에 분포하는 모래, 미사, 점토가 알맞게 섞인 토양을 말합니다. 벼 재배에 적합하며 생산력이 매우 높습니다. 보통밭은 주로 선상지나 곡간지에 분포하는 토양으로 밭작물을 재배하기 좋습니다. 양토와 점토의 비율이 높은 식양토, 모래 비율이 높은 사양토의 성질이 있으며 토심이 깊습니다. 제주도에는 화산회밭이 분포하고 있습니다. 토양이 검고 유기물 함량이 매우 높으며, 주로 밭이나 초지로 이용합니다.

출처 : 농촌진흥청

산성 토양과 염기성 토양

화강암이 부서져서 만들어진 흙이 전국에 분포하고 있어 한국의 흙은 대체로 산성을 띤다. 석회암에서 유래한 토양은 염기성을 띠는데 강원, 충북, 경북 지방에 소량 분포한다.

일본의 흙은 비옥하지 않다

일본의 땅은 다른 외국 여러 나라의 땅과 비교하면 기름지지 않고 메말랐으며 특히 산성이 강합니다.

일본의 연간 강수량은 세계 평균의 2배 이상으로 세계에서도 손꼽히는 다우 지역입니다. 비가 많으면 알칼리성 미네랄이 흘러나오기 쉬우므로 흙의 산성이 강해집니다. 이는 흙 속에 칼륨이나 칼슘이 적다는 것을 의미합니다. 하지만 비교적 틈이 많고 폭신폭신해서 식물이 뿌리를 뻗기 쉽다는 특징도 있습니다.

일본에 분포하는 흙의 종류

일본에 분포하는 땅은 크게 오른쪽 그림처럼 나누어볼 수 있습니다. 국토 대부분은 '갈색산림토'입니다. 광엽수림에서 형성된 흙으로 부식을 많이 포함한 산성 토양이지요.

일본 전국에서 밭으로 가장 많이 이용하는 흙은 '흑복토'입니다. 화산재를 원료로 하는 까맣고 가벼운 흙인데, 주위보다 고도가 높은 간토 지역의 대지 외에도 큰 화산 주변에 펼쳐져 있습니다. 이것은 일반적으로 '흑토'라 불리며, 사람들에게는 아주 비옥한 땅으로 인식되는 것 같습니다. 흑토는 물을 내보내거나 머금는 토양 물리성이 뛰어나지만, 산성이 강하고 인산이 거의 들어 있지 않은 메마른 땅입니다.

주로 무논으로 사용되는 '저지토'(충적토)는 하천으로 운반된 토사가 퇴적한 토양인데, 산성은 강하지만 일본의 흙 중에서는 가장 기름집니다.

서일본의 밭에서는 '적황색토'를 볼 수 있습니다. 강우량이 많고 기온이 높은 지역에서는 유기물의 분해가 빠르게 진행되어 유기물이 많이 포함되지 않은 점토질의 흙이 형성됩니다. 산성이 강해서 차나 감자를 재배하는 데 적합합니다. 철분을 많이 포함할수록 흙색은 붉어집니다.

자료 : 《그림 해설 일본의 토양》(아사쿠라 서점)

포졸(침엽수림의 흙)

아한대 식생의 대부분은 침엽수림이다. 잎이 활엽수만큼 잘 분해되지 않고 기온도 낮아 산성이 강한 부식이 형성된다. 한랭습윤 지역에 분포하는 회백색의 성대토양, 즉 회색산림토라고도 한다.

흙의 성질과 구조

입자 크기로 달라지는 성질

흙의 성질은 암석의 입자 크기나, 여러 종류의 입자가 혼합된 비율에 따라 달라집니다.

이를테면 미세한 입자로만 이루어진 점토는 틈이 없이 촘촘합니다. 그래서 물을 잘 머금을 수 있는 반면, 통기성이나 배수가 나쁩니다. 반대로 입자가 큰 광물질이 모여 있는 모래는 배수와 통기성이 좋지만 물을 잘 머금지 않아 바로 말라버립니다. 입자의 혼합 비율에 따라서 아래와 같이 흙의 종류를 나눌 수 있습니다.

흙의 성질

사질성 ←——————————————————→ 점질성

사토	양토	식토
해안의 모래나 강모래를 90% 이상 포함하고 있으며 개별 입자가 흡수성이 좋지 않아 물을 잘 머금지 않는다.	입자가 미세한 점토를 전체의 25~45% 포함하며, 흙이 비옥하기 때문에 식물을 생육하는 데 적합하다. 대부분 밭으로 사용한다.	점토처럼 미세한 입자를 40% 이상 포함한 흙이다. 통기성과 배수는 나쁘지만 물을 잘 머금기 때문에 무논 대부분의 흙이 식토다.

양토는 모래와 점토의 비율이 균형을 이루며 물을 잘 먹고 잘 내보내서 작물을 생육하는 데 적합합니다. 그러나 흙의 성질은 모래와 점토의 비율만으로 정해지는 것이 아니라, 입자의 모양이나 배열 방법(구조)에도 크게 영향을 받습니다.

아래 그림과 같이 크기를 바탕으로 흙 입자의 이름을 분류합니다. 맨눈으로는 미사까지 구분할 수 있으며 흙이 점토를 다량으로 포함하는지 혹은 모래가 어느 정도의 비율을 차지하는지에 따라 흙의 물리적, 화학적 성질을 대략 추정할 수 있습니다.

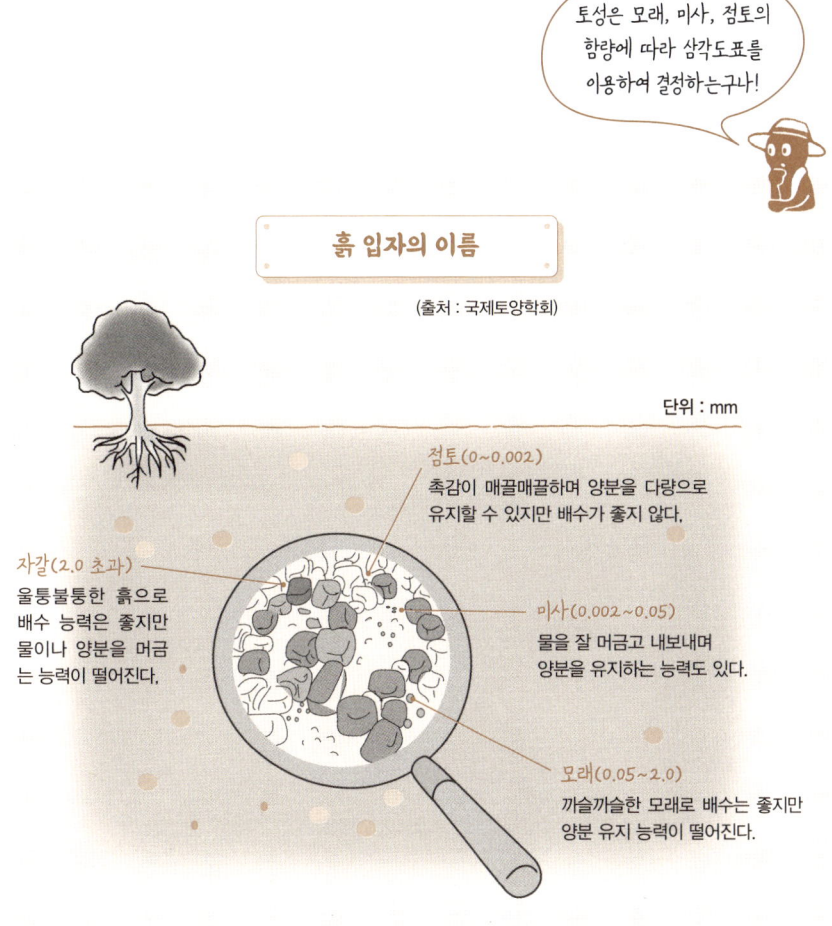

토성은 모래, 미사, 점토의 함량에 따라 삼각도표를 이용하여 결정하는구나!

흙 입자의 이름

(출처 : 국제토양학회)

단위 : mm

점토(0~0.002)
촉감이 매끌매끌하며 양분을 다량으로 유지할 수 있지만 배수가 좋지 않다.

자갈(2.0 초과)
울퉁불퉁한 흙으로 배수 능력은 좋지만 물이나 양분을 머금는 능력이 떨어진다.

미사(0.002~0.05)
물을 잘 머금고 내보내며 양분을 유지하는 능력도 있다.

모래(0.05~2.0)
까슬까슬한 모래로 배수는 좋지만 양분 유지 능력이 떨어진다.

흙의 구조 알기

흙 입자가 하나씩 따로따로 나열된 상태를 '홑알(단립) 구조', 흙 입자가 모여서 크고 작은 모양의 덩어리를 이룬 상태를 '떼알(입단) 구조'라고 부릅니다.

● 홑알 구조의 흙

수분은 잘 보전되지만 작은 입자들 사이의 틈이 좁기 때문에 공기가 들어가기 어려워서 뿌리가 호흡하는 데 지장이 있습니다.

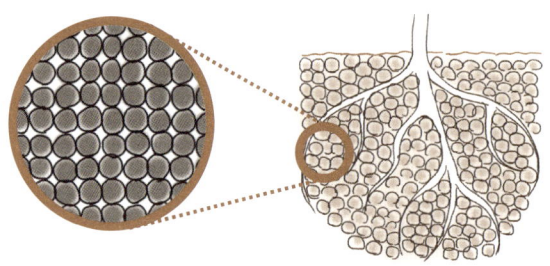

흙 입자가 작은 점토질의 경우에는 수분이 잘 보전되는 반면 통기성이 좋지 않다. 반대로 입자가 큰 사질의 경우 수분과 비료가 부족해진다.

● 떼알 구조의 흙

큰 입자 사이에 넓은 틈이 생기므로 배수가 좋고, 공기가 잘 들어가기 때문에 통기성이 좋습니다. 떼알 속의 작은 입자들 덕분에 물도 잘 머금으므로 식물이 자라기에 유리합니다.

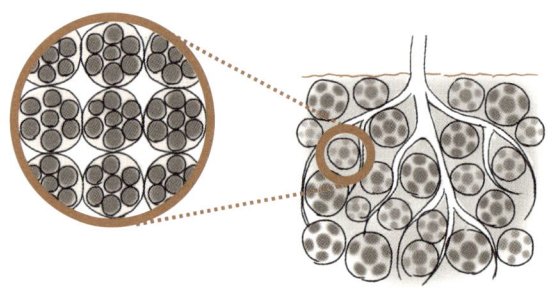

큰 떼알을 확대해 보면 각각 작은 덩어리로 구성되어 있고, 그 작은 덩어리는 다시 더 작은 덩어리로 구성되어 있다.

유기물이 흙 속에 떼알을 만든다

떼알을 구성하는 입자는 주로 점토와 모래입니다. 점토나 모래가 각각 20~40 퍼센트 포함된 것이 바람직합니다. 하지만 그것만으로는 떼알이 만들어지지 않습니다. 떼알을 만들려면 입자가 한데 뭉쳐야 하지요.

홑알이 뭉치는 조건은 세 가지가 있습니다. 첫 번째는 '건조', 두 번째는 '뿌리의 성장'입니다. 뿌리가 흙의 입자를 밀어내면서 뻗어갈 때 주위에 있던 점토나 모래가 뭉쳐집니다. 세 번째가 '미생물의 활동'입니다. 미생물이 유기물을 분해하는 과정에서 '유기질 풀'이 만들어집니다. 이렇게 만들어진 유기질 풀은 한데 모인 점토와 모래를 붙여주는 역할을 합니다.

하지만 결속력이 크게 강하지 않기 때문에 떼알의 수명은 그렇게 길지 않습니다. 그대로 두면 점점 딱딱하게 굳어 홑알 구조로 돌아가기 때문에 떼알 구조를 유지하려면 퇴비나 부엽토 등의 유기물을 넣고 경작하는 과정이 필요합니다.

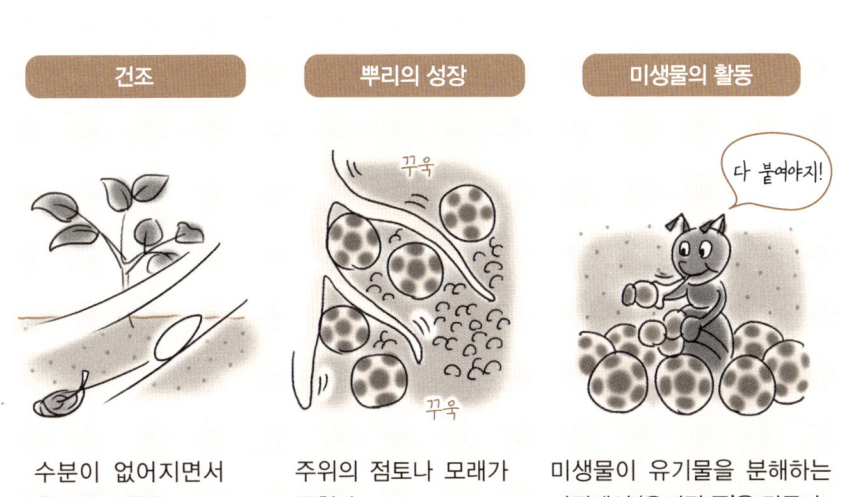

흙과 식물의 관계

식물의 생장 구조와 흙의 역할

식물은 흙 속에서 수분과 양분(무기 영양소)을 흡수해서 생육합니다. 씨앗에서 가장 먼저 고개를 내미는 것은 뿌리이지요. 뿌리는 흙 속으로 깊이 뻗어 땅속의 수분과 양분을 흡수하며 식물의 줄기와 잎을 지탱합니다. 따라서 식물을 잘 자라게 하려면 뿌리가 자라기 쉬운 흙에다 심는 것이 필수 조건입니다. 줄기에는 '물관'과 '체관'이라는 두 종류의 관이 있습니다. 물관은 뿌리에서 흡수된 물과 양분을 가지나 잎으로 내보내고, 체관은 잎에서 만들어진 유기 성분(광합성 산물)을 뿌리를 포함해 각 부분으로 보냅니다.

뿌리에서부터 줄기를 거쳐 흡수된 양분을 머금은 물, 잎의 기공으로 들어간 이산화탄소가 식물체의 엽록소에서 햇빛을 받아 광합성(탄소동화작용)을 일으키면 유기물인 탄수화물을 만듭니다. 이는 식물의 영양이 됩니다.

꽃이나 채소 재배에 흙은 꼭 필요한가?

식물이 자라나려면 '물, 공기, 온도, 양분'이 필요하다. 최근에는 흙을 사용하지 않고 수경 재배를 하는 채소 공장도 있다. 즉 식물의 생육에 흙은 필수가 아니다. 그러나 물, 공기, 양분을 머금는 성질 덕분에 흙은 매우 합리적인 생육 배지다. 미생물의 분해 활동을 거치면 유기질 비료나 음식물 쓰레기 등의 유기물을 양분으로 사용할 수 있다는 이점도 있다.

식물은 잎의 안쪽에 있는 기공에서 물을 증산하여 체온을 조절합니다. 증산이 활발하면 뿌리에서 양분을 흡수하는 작용도 활발해집니다. 이 두 작용의 균형이 무너지면 식물은 시들어버립니다.

그런데 식물은 유기물이 아닌 무기물만 양분으로 흡수할 수 있습니다. 흙 속에는 다양한 유기물이 포함되어 있어서 토양 동물이나 미생물 등 많은 생물이 활동합니다. 흙 속 생물은 땅에 떨어진 잎이나 열매 등의 유기물을 무기물로 분해하고 흙의 구조를 바꾸기도 합니다. 이처럼 흙과 식물은 자연의 순환과 밀접한 관계를 맺고 있습니다.

식물을 떠받치는 흙

식물은 가지와 잎을 뻗으며 무럭무럭 자라나도 쓰러지지 않도록 흙 속에 단단히 뿌리를 내리고 있다. 이것도 흙이 하는 중요한 역할이다.

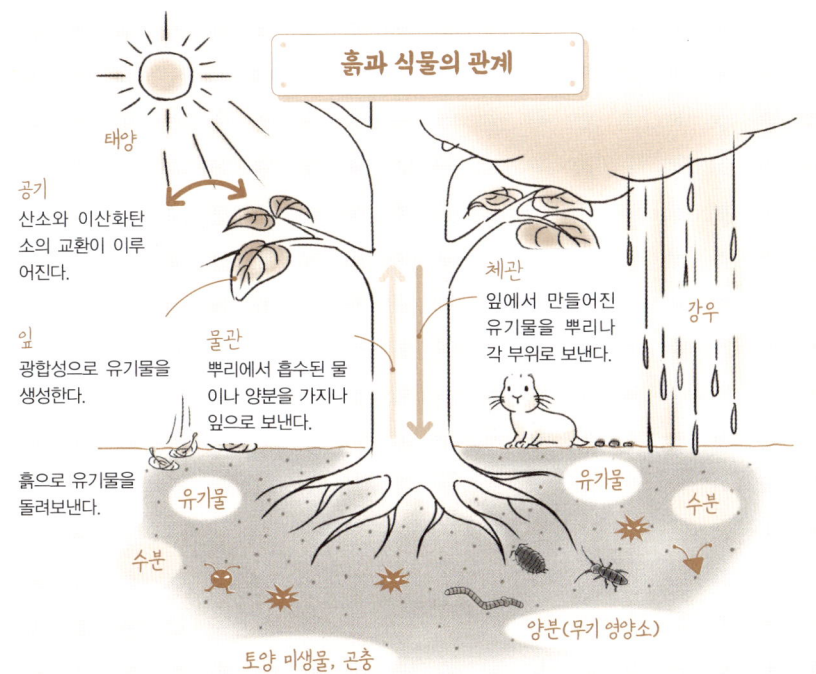

토양 미생물이 유기물을 분해해서 식물의 양분을 만든다.

흙이란 무엇인가

식물이 좋아하는 흙

알아두어야 할 흙의 세 가지 조건

식물이 좋아하는 흙이란, 바꿔 말하면 뿌리의 생육에 적합한 환경을 가진 흙입니다. 따라서 식물이 필요로 할 때 수분, 양분, 공기를 적절히 공급할 수 있는 조건을 마련하는 것이 흙 만들기의 기본이지요. 대부분 식물은 물에 잠기면 호흡을 할 수 없어 산소가 부족해집니다. 배수가 잘되려면 흙의 입자 사이사이에 틈이 필요하지요. 틈이 있으면 공기가 들어가고, 불필요한 물을 배수하는 길도 만들어집니다.

꽃이나 채소를 비롯한 식물을 효율적으로 기르기 위해서는 먼저, 물을 잘 내보내고 머금을 줄 아는 흙을 준비해야 합니다. 그러려면 흙을 떼알로 만드는 '흙의 물리성 개선'이 필요하지요. 또한 식물 뿌리가 흙 속에서 순조롭게 뻗어나가려면 흙의 pH와 적당한 양분이 보전되도록 하는 '흙의 화학성 개선'

pH란

pH는 '산성, 중성, 알칼리성'의 정도를 나타내는 수치인데 물의 수소 이온 농도를 지수로 나타낸 것이다. 화학 분야에서는 7을 중성으로 정의하지만 식물 생육에는 그보다 살짝 낮은 6.0~6.5가 최적이다. 블루베리나 진달래, 소나무 등은 pH 5 정도의 산성 토양을 좋아한다.

이 중요한 포인트입니다. 화학성이 개선되면 토양 미생물이나 곤충들이 흙을 떼알로 뭉치는 일, 즉 유기물을 분해하는 '흙 속 생물의 활동'이 활발해집니다. 이제 흙의 물리성과 화학성에 대해 자세히 알아보겠습니다.

흙의 물리성 : 배수와 흡수

뿌리가 잘 자라도록 하려면 공기 흐름을 원활하게 만드는 것이 중요합니다. 뿌리는 호흡을 통해 산소를 받아들이고, 체내에 쌓여 있는 유기물을 연소해 이산화탄소를 배출하고, 그 에너지로 수분이나 양분을 흡수합니다.

통기성이 좋고 산소가 충분한 환경에서는 활발하게 새로운 뿌리를 뻗치려고 하지만, 흙 속에 공기가 통하지 않고 산소가 부족하면 뿌리는 질식 상태가 되어 뿌리 끝부터 말라갑니다.

이것이 흔히 말하는 뿌리썩음병입니다. 뿌리가 썩는 것을 막으려면 흙을 경작해서 폭신폭신한 상태로 돌리고, 떼알이 만들어지도록 해야 합니다.

떼알 하나를 확대해서 보면 하나하나 전부 작은 떼알로 이루어져 있으며, 작은 떼알 역시 더 작은 떼알로 이루어져 있습니다. 각 떼알은 크고 작은 모래나 점토로 이루어져 있습니다.

떼알과 떼알 사이의 넓이도 저마다 달라서 사이가 촘촘하면 물을 잘 머금고, 사이가 넓으면 물이 흐른 후에 신선한 공기가 들어옵니다.

이처럼 흙을 떼알로 만들면 배수, 흡수, 통기성이 좋아집니다. 밭의 흙에 떼알을 많이 만들려면 유기질 비료나 퇴비 등의 유기물을 섞어서 토양 미생물의 기능을 활발하게 만들 필요가 있습니다.

흙 속의 떼알

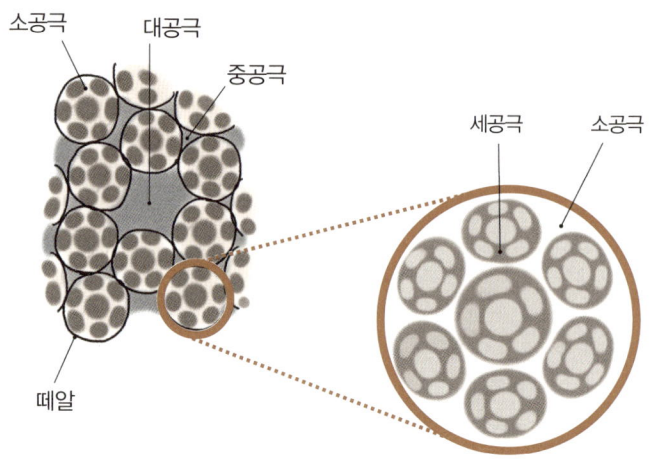

떼알 사이의 넓이에 따라 역할이 바뀐다

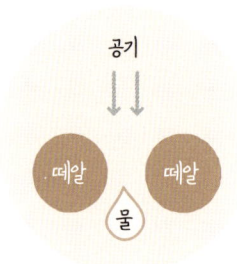

떼알 사이의 틈이 넓으면
공기가 흘러 들어간다.

떼알 사이의 틈이 좁으면
물이 고인다.

흙의 화학성 : pH와 보비력

뿌리가 순조롭게 뻗기 위해서는 떼알 구조가 좋아야 하며, 흙의 pH와 양분의 균형이 잘 잡혀 있어야 뿌리 성장이 좋다.

강우량이 많은 곳이라면 빗물이 흙 속으로 스며들어 칼슘이나 마그네슘 등의 알칼리성 이온이 지하에 흐르기 때문에 대부분 땅은 pH 5~6으로 산성이 강합니다. 산성 토양에 들어 있는 알루미늄 이온은 식물 뿌리에 독성으로 작용하기 때문에 산도를 적정하게 유지해야 하지요.

또한 식물은 필요할 때 필요한 만큼 뿌리에서 양분을 흡수해야 합니다. 흙에는 양분을 저장하는 힘(보비력)이 있습니다. 흙 속에 질 좋은 점토나 부식이 많으면 이 힘이 세지면서 작물이 안정적으로 자랍니다.

흙에 주는 양분 중에서 질소, 칼륨(칼리), 칼슘, 마그네슘은 모두 물에 녹으면 양이온이 됩니다. 그 때문에 음전기(음전하)를 띠는 점토나 부식에 달라붙어 물에 씻겨나가기가 어려워집니다. 즉 흙의 음전하량이 많을수록 보비력이 크다는 것이지요. 이는 '양이온 교환 용량'이라는 값으로 나타내며, 알파벳 머리글자를 따서 'CEC'라고 합니다.

사람이 건강을 유지하려면 균형 잡힌 식사를 하되 위를 80퍼센트만 채워야 하듯이, 흙에도 마찬가지 원리로 양분을 주어야 합니다.

비료를 너무 많이 주면 안 됩니다. 알게 모르게 흙에 점점 쌓이는 비료 성분에 주의를 기울여야 합니다. 특히 비료를 과다하게 주면 염류 농도가 진해지므로 투수압이 높아지고 수분을 흡수하는 힘이 저하됩니다. 게다가 채소에 소금을 뿌리면 풀이 죽는 것처럼 뿌리에서 수분이 빠져나가 결과적으로 성장 불량이 생기고 말지요.

pH가 너무 낮으면

pH가 떨어지고 산성이 강해지면 흙 속의 알루미늄이 활성화되어 뿌리에 상처를 입힌다.

떼알 사이의 넓이에 따라 역할이 바뀐다

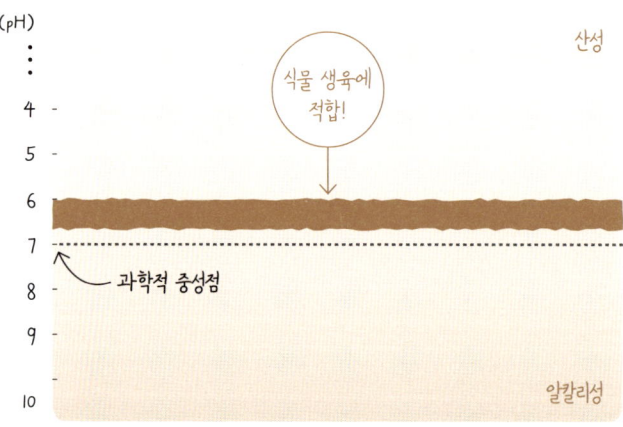

양이온 교환 용량(CEC)의 크기 차이

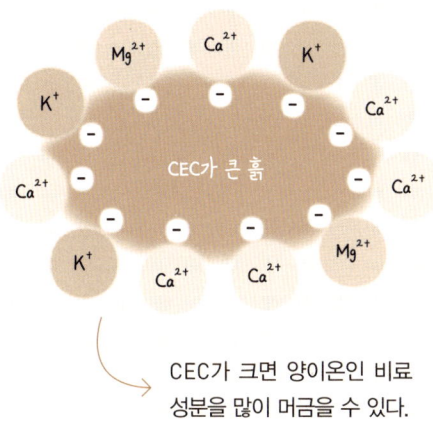

CEC가 크면 양이온인 비료 성분을 많이 머금을 수 있다.

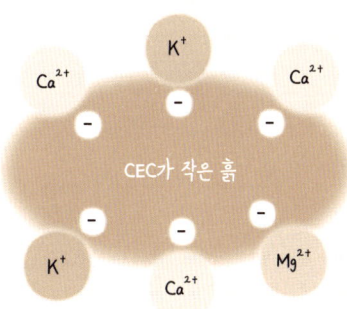

CEC란

CEC는 사람 몸에 비유하면 '흙의 위장'이라고 할 수 있다. 그러나 이 위장 안에 양분을 저장하는 것이 아니라 점토나 부식의 표면에 양이온의 양분이 들러붙어 있다. 바로 이 CEC의 값으로 흙의 보비력이 얼마나 큰지를 알 수 있다.

흙에 염류가 늘어나면 뿌리의 성장이 나빠진다

• 염분이 많은 토양

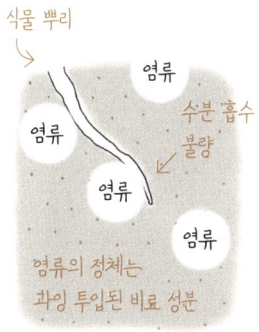

흙이란 무엇인가

다양한 토양 미생물

식물과 동물과 미생물의 순환

흙 속에는 많은 종류의 미생물이 살고 있습니다. 흙의 물리성과 화학성이 좋으면 토양 미생물의 수가 늘어나고 환경 다양성이 매우 풍부해집니다.

　미생물은 흙을 떼알로 만들기도 하고 동식물의 사체 같은 유기물을 질소나 탄소 등 식물이 흡수하기 쉬운 형태로 분해하기도 합니다. 식물이 자라나고, 동물이 그 식물을 식량으로 삼아 살아가며 순환이 일어난다고 생각하면, 미생물의 역할이 얼마나 중요한지 알 수 있지요. 흙 속에 존재하는 미생물에는 어떤 친구들이 있는지 살펴볼까요?

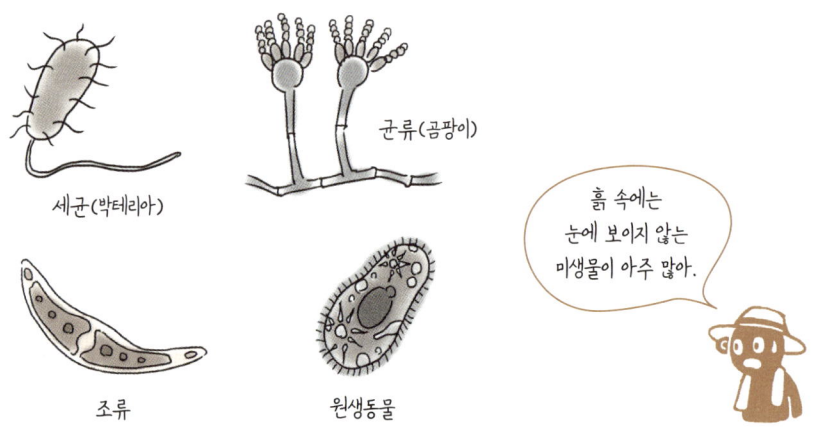

다양한 미생물의 역할

미생물은 생물학상 크게 '균류(곰팡이)' '세균(박테리아)' '조류' '원생동물' 네 가지로 나눌 수 있습니다. 흙 속에서는 주로 균류와 세균이 유기물을 분해하는 역할을 합니다.

균류가 가장 처음으로 유기물에 붙어 대략적인 분해를 맡습니다. 그것을 식물이 흡수할 수 있는 양분으로 분해하는 것은 효모나 유산균 같은 세균입니다. '균류는 도끼, 세균은 칼'에 비유하면 이해하기 쉽지요.

균류는 효소가 있는 환경 속에서 홀씨가 발아되고, 가늘고 긴 균사를 형성하며 증식합니다. 또한 식물의 섬유나 리그닌 등 난분해성 물질을 분해하는 능력이 있습니다.

세균은 가장 원시적인 생물로 유전자가 존재하는 염색체가 짧은 DNA 하나로 이루어져 있습니다. 일반적인 생물의 염색체는 부체와 모체 양쪽에서 온 DNA 2개가 실처럼 얽혀 있고 그것을 보호하는 막으로 둘러싸인 핵이 있는데, 세균의 DNA는 벌거벗은 채 세포 안에 들어 있습니다.

이러한 미생물은 흙 1그램 속에 수억 마리 이상 있다고 합니다. '흙은 살아 있다'라는 말 그대로 정말 수많은 생물이 흙 속에서 자라나고 있는 셈이지요.

동물과 식물이 된 생물들

원생동물에 속하는 아메바는 단단한 세포벽이 없고 부드러운 세포막이 외부와 직접 닿기 때문에 모양을 자유자재로 바꿀 수 있으며 세균을 먹고 산다. 아메바는 세포벽을 가지지 않는 동물의 원조라고 할 수 있다. 식물의 조상은 엽록체를 가지며 광합성을 하는 조류다.

종류에 따라 먹이도 다르다

미생물은 앞에서 네 가지로 구분한 방식과 다르게 먹이(획득 에너지원)의 차이에 따라 유기물을 먹이로 삼는 '유기 영양 미생물'과 무기물을 먹이로 삼는 '무기 영양 미생물'로 분류할 수도 있습니다.

토양 미생물의 95퍼센트는 유기 영양 미생물입니다. 나머지 5퍼센트를 차지하는 무기 영양 미생물의 대표가 바로 질화균입니다.

질화균에는 암모니아를 아질산으로 바꿔서 에너지를 얻는 '암모니아 산화 세균'과 아질산을 산소와 반응시켜 질산으로 바꿔서 에너지를 얻는 '아질산 산화 세균'이 있습니다.

둘은 보통 같이 있으므로 생성된 아질산을 바로 질산으로 바꿀 수 있습니다. 이 변환이 원활하게 이루어지지 않으면 유독한 아질산이 흙 속에 쌓여 식물에 해를 입힙니다.

식물이 자라나려면 질소가 반드시 필요하지만, 식물은 질산태일 때를 선호하기 때문에 그때 흡수합니다. 그 질산의 재료가 되는 것이 바로 미생물이 흙속의 유기물을 분해해서 만든 암모니아입니다. 암모니아를 질산으로 바꿀 수 있는 것은 질화균뿐이지요. 이처럼 토양 미생물 가운데 매우 적은 비율을 차

질화균의 작용

지하는 질화균은 식물이 자라나기 위한 열쇠를 쥐고 있을 뿐만 아니라 지구상의 질소 순환을 책임지는 중요한 미생물입니다.

공기를 좋아하는가 싫어하는가

공기를 좋아하는지 아닌지, 즉 산소를 필요로 하는지 아닌지에 따라 미생물을 분류하기도 합니다. 산소가 있으면 생식할 수 없는 세균(절대적 혐기성 세균)은 주로 무논이나 습지 등에서 살아갑니다. 반대로 곰팡이, 원생동물, 조류는 산소가 없으면 증식할 수 없지요.(절대적 호기성 미생물) 그 밖에도 산소가 있거나 없거나 증식할 수 있는 세균(조건적 혐기성 세균)도 있는데, 미생물 대부분이 조건적 혐기성을 띱니다.

토양 미생물의 작용에 관해서는 극히 일부의 사실만 알려져 있습니다. 흙 속에는 아직도 헤아릴 수 없을 만큼 수많은 미스터리가 있지만, 일단 다양한 미생물이 산다는 것은 기억해두도록 합시다.

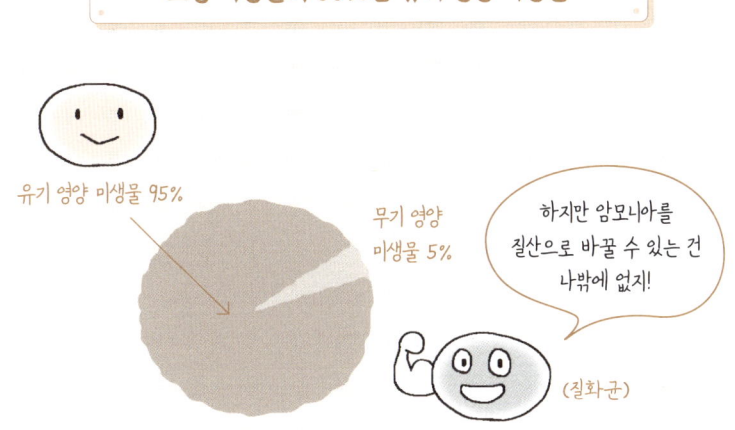

흙 속 미생물의 활동

식물 뿌리와 미생물

식물 뿌리는 노화로 인해 죽은 세포를 잘라내며 생장하는데, 식물 세포에 포함된 탄소는 미생물에게 매우 알맞은 먹이입니다. 게다가 당, 아미노산, 비타민 등도 분비하기 때문에 뿌리 주변은 미생물이 살기 아주 좋은 환경이지요.

밭의 작물들을 생각해봅시다. 뿌리 주변에는 뿌리와 떨어진 곳에 비해 26~120배나 더 많은 세균이 있다고 합니다. 뿌리와 아주 가까운 곳(뿌리 주변 1밀리미터 전후)의 공간은 '근권'이라고 불리는데, 뿌리가 물이나 양분을 흡수하는 장소입니다.

자라난 뿌리가 죽은 세포, 당, 아미노산, 비타민 등의 분비물을 내보내면, 흙 속 미생물이 활동을 시작해서 뿌리에 정착하고 번식을 합니다.

식물이 자라나려면 흙 속 미생물이 꼭 필요하지만, 그중에 병원균이 있으면 식물이 병에 걸리기도 합니다.

미생물은 작물이 자라나는 데 반드시 필요해. 하지만 병원균도 있으니까 조심하자!

식물이 몸을 지키는 방법

식물은 병원균에게서 몸을 지키기 위한 기술을 갖고 있습니다. 예를 들어 뿌리의 표피를 딱딱하게 해서 침입 막기(①), 병원균이 뿌리의 표피를 녹이기 위해 분비하는 효소의 작용을 저해하는 물질 내보내기(②), 침입한 병원균을 없애는 항생 물질 만들기(③), 렉틴이라는 물질로 침입균을 한데 모아 조직을 딱딱하게 만들거나 새로운 항생 물질 만들기(④) 등의 방법이 있지요.

식물의 방어 기작

❶ 뿌리의 표면을 딱딱하게 만들어 병원균이나 해충이 침입하는 것을 막는다.

❷ 병원균이 뿌리의 표피를 녹이기 위해 분비하는 효소의 작용을 저해하는 물질을 내보낸다.

❸ 항생 물질로 침입한 병원균을 없앤다.

❹ 렉틴으로 침입균을 한데 모아 딱딱하게 만든다. 새로운 항생 물질을 만들어내서 세균과 싸운다.

미생물의 공존과 적대

흙 속 미생물은 다른 미생물과 사이좋게 지내기도 하고 싸우기도 하면서 복잡하게 얽히고설켜 일정한 균형을 지키며 살아갑니다.

　흙 만들기를 잘해놓으면 다양한 미생물이 자라나고, 복잡한 구조를 가지는 유기물을 매끄럽게 분해해 줍니다. 흙 속에 사는 미생물 사이에는 주로 다음과 같은 관계가 나타납니다.

●먹잇감 넘겨주기

한 미생물이 분해한 것을 다른 미생물이 먹는 관계입니다. 33쪽에서 설명했듯이 균류가 유기물을 먼저 분해하면 그것을 세균이 먹어 이산화탄소, 암모니아, 질산염, 인산 등의 무기질로 만듭니다.

●공생

서로 부족한 부분을 채우면서 사는 관계입니다. 예를 들어 호기성 세균이 활발하게 활동하면 주위의 산소가 부족해지고 혐기성 세균이 살기 좋은 환경이 됩니다.

●경쟁

이해관계가 상충하는 미생물들끼리 일정한 균형을 유지하는 상태입니다. 예를 들면, 흙 속에 먹이가 부족할 때는 먹이를 빼앗거나 서로 잡아먹기도 하지만 그래도 서로 균형을 흩트리지 않고 유지하는 것을 가리킵니다.

미생물은 곤충의 대변도 먹는다

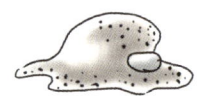

박테리아와 아메바　　　파지 세균과 델로비브리오

이어짓기로 생기는 토양 전염성 병해

토양 전염성 병해는 몇 가지 요인이 복잡하게 얽혀서 일어납니다. 우선 같은 밭에서 같은 작물을 이어짓기했을 때를 한 가지 원인으로 들 수 있습니다.

어떤 작물의 뿌리에서 증식한 특정 병원균이 흙 속에 남은 뿌리나 수확하고 나서 남은 부분에서 살아남아 홀씨를 형성하면, 다음에 작물을 심을 때 발아해서 증식합니다. 하지만 다른 작물을 재배(돌려짓기)하면 홀씨는 발아하지 않고, 이내 다른 미생물의 공격을 받아 죽습니다.

또한 이어짓기에 따른 발육 저하를 보충하기 위해 거름의 양을 늘리는 것도 병에 대한 저항력을 약하게 만들어 발병을 조장합니다.

이어짓기에 따른 병해를 막자

지난번에 작물을 심고 난 뒤 흙 속에서 살아남은 병원균

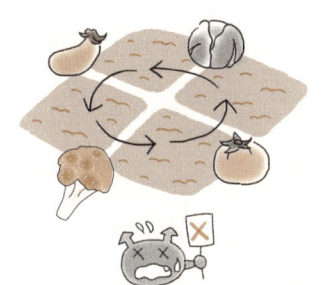

작물이 그때그때 바뀌면 증식할 수 없다

이어짓기에 따른 피해

매년 똑같은 작물을 한 장소에 심으면, 흙 속에 남은 과다한 비료 성분이나 병원균 때문에 발육 저하가 나타나거나 병에 걸린다.

돌려짓기를 하면 좋은 점

이듬해 다른 작물을 심으면 흙 속에 남아 있던 병원균의 홀씨가 발아하지 않고 죽는다. 궁합이 좋은 작물끼리 조합해서 돌려짓기를 한다.

COLUMN

흙 속 작은 동물들

유기물을 분해하고 흙을 휘저어 섞어준다

지렁이, 노래기, 쥐며느리, 개미 등 흙 속에 사는 생물들이 마른 가지나 낙엽 등을 자잘하게 부수어 먹고 배설한 대변은 미생물의 먹이가 됩니다. 이들의 역할은 단순히 미생물에게 먹이를 제공하는 것에서 끝이 아닙니다. 지렁이나 개미는 땅 위에 떨어진 낙엽을 땅속으로 끌어들이고, 동시에 땅속 흙 입자를 땅 위로 끌어올립니다. 매미나 풍뎅이의 유충은 땅속에 터널을 만들어 이동하면서 흙 입자와 유기물을 수직, 수평 방향으로 섞어줍니다. 흙 속의 생물은 미생물과는 또 다른 중요한 역할을 맡고 있지요.

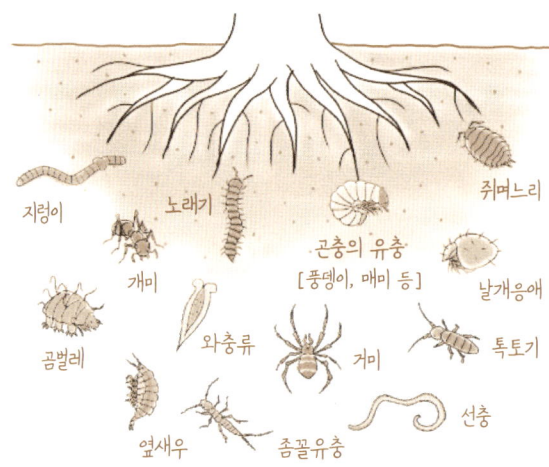

다윈의 지렁이 연구

《종의 기원》으로 유명한 다윈은 29년에 걸쳐 지렁이를 연구했다. 지렁이의 배설물은 주변 흙보다 pH가 약간 높았고, 질소와 탄소와 칼슘의 함량은 훨씬 높았다고 한다. 또한 지렁이는 흙을 떼알 구조로 만들어주고, 지렁이가 뚫어놓은 구멍은 물이 잘 흐르도록 한다.

제2장

흙의 건강 진단

흙 만들기란 식물이 잘 자라나도록 토양 환경을 정비하는 것을 말합니다. 하지만 우리 채소밭의 흙이 좋은지 나쁜지 얼핏 봐서는 알기 어렵습니다. 여기서 바로 흙의 건강 진단이 필요합니다. 제1장에서 알아봤듯이 좋은 흙은 물리성, 화학성, 생물성의 세 가지 조건을 모두 만족합니다. 흙 상태를 올바르게 파악하는 것이 흙 만들기의 첫걸음이지요. 흙에 무엇이 부족하고 무엇이 넘치는지, 뜰이나 집 채소밭의 흙 상태를 직접 점검해보세요.

흙 관찰하기
물리성 체크

건강 진단은 사람도 흙도 마찬가지

집 채소밭에서 채소나 꽃을 기르기 전에 우리 집 밭의 흙이 건강한지 먼저 확인하고 시작해봅시다. 좋은 흙인지 아닌지 알아보는 일은 사람의 건강 진단에 비유할 수 있습니다.

의사가 진찰할 때, 얼굴빛이나 피부 상태를 살펴보고 청진기로 소리를 듣기도 합니다. 만약 더 자세히 알아보고 싶으면 채혈을 하거나 X선 촬영을 하기도 하지요.

흙의 건강 진단도 마찬가지입니다. 먼저 눈으로 보고 흙을 손으로 만져보며 촉감을 확인합니다.(흙의 물리성 체크) 더 자세히 알아보고 싶으면 채취한 흙에 약품을 사용해서 데이터를 얻습니다.(흙의 화학성 체크) 그렇다면 우선 흙의 물리성부터 점검해보겠습니다.

우리 몸에 건강 진단이 중요하듯 흙에도 건강 진단이 중요해.

흙 직접 보고 만져보기

흙을 찬찬히 관찰하거나 손으로 만져보면 흙의 물리적 상태를 파악할 수 있습니다. 미생물이 살기 좋은 떼알 구조가 형성되어 있는지, 모래나 점토가 흙 속에 얼마나 포함되어 있는지 살펴봅니다.

❶ 모래와 점토의 비율 알아보기

엄지와 검지 사이에 흙을 살짝 집어서 문질렀을 때 촉감이 만질만질하면 점토 함량이 높은 점질토, 까슬까슬하면 모래 성분이 많은 사질토입니다. 전자는 보비력이 좋은 대신 배수가 잘되지 않고, 후자는 배수가 잘되지만 보비력이 좋지 않습니다. 만질만질함과 까슬까슬함을 모두 느낄 수 있는 흙이 배수가 잘되고 보비력도 좋습니다.

만질만질함과 까슬까슬함이 같이 느껴지는 흙, 즉 점질토와 사질토가 적당히 섞여 있는 흙이 좋다.

❷ 유기물이 풍부한 흙 알아보기

겉보기에 거무스름하고 폭신폭신한 흙은 유기물이 많고 기름지며 통기성이 좋고 배수가 잘되어 작물이 자라나기에 적합합니다. 딱딱하고 메마른 흙은 겉보기에도 검은 기가 없고 퍼석퍼석한 느낌이 듭니다. 보비력도 좋지 않아서 퇴비 같은 거름을 주어 개선할 필요가 있습니다.

거무스름하고 폭신폭신한 흙은 배수가 잘되고 통기성이 좋아서 많은 식물이 좋아한다.

검은 기가 없고 퍼석퍼석한 흙은 메마르고 딱딱해지기 쉬우며 보비력도 나쁘다.

흙 파보기

흙 상태를 확인할 때, 50센티미터 정도 파보면 흙이 어떻게 되어 있는지 보입니다.

평소 경운되며 작물의 뿌리가 뻗은 흙을 '작토'(표토)라고 하며, 그 아래에 있는 흙을 '심토'라고 합니다. 배수와 흡수가 좋은 땅을 만들려면 이 두 흙의 역할을 반드시 알아야 합니다.

작토는 부드러운 흙인데, 여기서 작물은 뿌리를 뻗고 양분을 보급합니다. 뿌리가 잘 자라려면 20센티미터 정도의 깊이가 필요합니다.

심토는 표토보다 아래에 있는 흙으로 풍화작용을 받는 일이 적고 토질이 단단하며 부식물을 그다지 함유하고 있지 않습니다. 또한 반층이나 경반층이 존재하여 그 정도가 너무 심하면 비가 그친 다음에도 한동안 물웅덩이가 남기 때문에 개량이 필요합니다.

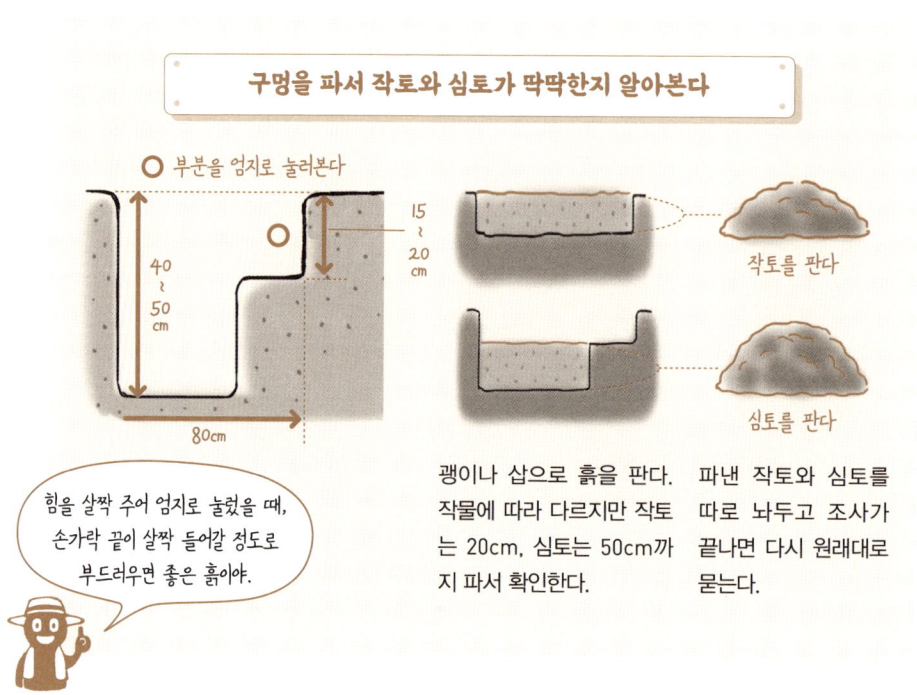

구멍을 파서 작토와 심토가 딱딱한지 알아본다

○ 부분을 엄지로 눌러본다

40~50cm
15~20cm
80cm

힘을 살짝 주어 엄지로 눌렀을 때, 손가락 끝이 살짝 들어갈 정도로 부드러우면 좋은 흙이야.

괭이나 삽으로 흙을 판다. 작물에 따라 다르지만 작토는 20cm, 심토는 50cm까지 파서 확인한다.

작토를 판다
심토를 판다

파낸 작토와 심토를 따로 놔두고 조사가 끝나면 다시 원래대로 묻는다.

시민 텃밭의 흙 상태를 진단하는 법

시민 텃밭이 들어서면서 가볍게 원예를 즐기는 사람이 늘어났습니다. 그러나 새로 작물을 심으려 할 때 전에 밭을 쓰던 사람이 어떤 비료를 썼는지, 무엇을 심었는지 알 수가 없습니다. 작물 종류에 따라 이어짓기를 해도 문제가 없을 수 있지만, 이어짓기를 피하는 것이 좋을 수도 있습니다.

이럴 때는 이어짓기를 해도 무난한 소송채, 순무, 무, 당근, 양파, 호박 등을 먼저 심으면 좋습니다.

오랫동안 밭으로 쓰인 흙은 양분이 많을 가능성이 크고, 황폐한 채로 방치되어 있던 흙은 양분이 적고 산성을 띠므로 각각 개선이 필요합니다.

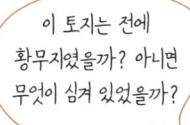

이 토지는 전에 황무지였을까? 아니면 무엇이 심겨 있었을까?

오랫동안 황무지였던 땅에는 양분이 적고 산성인 토양이 많다.

시민 텃밭에서는 전에 무엇이 심겨 있었는지 고려할 필요가 있다.

흙의 pH 측정하기
화학성 체크 ①

pH 시험액과 리트머스 시험지

그럼 이번에는 흙의 화학성을 진단해볼까요? 먼저 흙의 pH를 알아보겠습니다. 제1장에서도 설명했듯이, 온난하고 강우량이 많으면 알칼리성 성분인 칼슘이나 마그네슘이 흘러나가는 탓에 흙이 산성화되기 쉽습니다. 산성이 강하면 식물 뿌리가 상처를 입어 양분 흡수에 지장을 받기 때문에 성장 불량이 일어납니다. 그러므로 흙 만들기를 할 때는 석회 자재를 넣어서 pH값이 높아지도록 조절해야 합니다.

무작정 석회 자재를 넣었다가는 오히려 작물에 해를 입힐 수도 있습니다. 대부분 식물은 미산성에서 약산성인 흙을 좋아하는데, 종류에 따라 적정한 pH값이 다릅니다. 기르려고 하는 작물 종류에 적합한 pH값이 되도록 석회 자재를 필요한 양만큼 넣어야 합니다. 그러기 위해서는 흙의 pH를 측정해야 하지요.

일반적으로 시중에 파는 pH 시험액이나 리트머스 시험지 등을 사용해서 알아봅니다. 밭에 자라는 잡초 종류에 따라서도 산성 토양인지 아닌지 추측할 수 있습니다.

예를 들어 산성 토양에서도 잘 자라는 잡초로 쇠뜨기, 질경이, 떡쑥, 금방동

사니, 수영 등이 있습니다. 이런 잡초가 많이 고개를 내밀고 있다면 그곳의 흙은 pH값이 낮은 편(산성이 강함)이라고 생각해도 좋습니다.

밭에 어떤 잡초가 자라고 있는지 먼저 관찰해보자.

흙의 pH 지수별 적합 작물

pH	채소		화초·꽃나무·과일나무	
6.5~7.0 미산성~중성	완두 시금치		거베라 포도	스위트피
6.0~6.5 미산성	아스파라거스 청대콩 콜리플라워 쑥갓 단옥수수 가지 파 피망 양상추	강낭콩 호박 오이 수박 토마토 부추 배추 멜론 땅콩	카네이션 수선화 포인세티아 장미 키위 국화 팬지 백합	앵두 복숭아
5.5~6.5 약산성 ~ 미산성(넓은 범위)	딸기 소송채 양파 당근	양배추 상추 무	코스모스 매화나무 배 사과	마리골드 감 귤
5.5~6.0 약산성	고구마 마늘 염교	생강 감자	세인트폴리아 밤 블루베리	프리뮬러 파인애플
5.0~5.5 산성			양란 영산홍 철쭉	산다화 동백나무

● 측정 방법 ❶ : pH 시험액 쓰기

조사하고 싶은 곳의 표면에서부터 5~10센티미터 깊이로 땅을 파고 흙을 모종삽으로 채취합니다. 컵이나 비커 등의 용기에 파낸 흙의 2배에 해당하는 물과 흙을 넣고 잘 섞습니다. 약 30초 후에 상층액을 시험관에 넣고 시약을 따른 다음, 비색표(컬러차트)로 색을 비교해서 pH를 읽습니다.

● 측정 방법 ❷ : 리트머스 시험지 쓰기

위와 똑같은 방법으로 흙을 채취합니다. 흙과 물을 같은 비율로 넣고 잘 섞은 다음 가라앉을 때까지 기다렸다가 상층액을 파란 리트머스 시험지에 묻힙니다. 바로 빨갛게 변하면 강산성, 천천히 빨갛게 변하면 약산성, 색이 변하지 않으면 중성입니다.

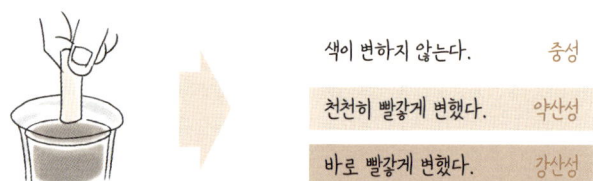

정확하게 측정하기

- 정제수를 사용하면 보다 정밀한 측정값을 얻을 수 있다.
- 눈금이 있는 용기에 100mL 선까지 물을 넣고, 흙을 붓는다. 수위가 150mL가 되면 흙과 물의 부피 비는 1 : 2가 된다.
- 시간이 지나면 색깔이 변하므로 잘 분리되면 상층액을 시험관에 넣는다.

비료에 따라서 흙의 pH가 변한다

비가 내리면 흙은 산성이 강해지기 쉽습니다. 반대로 비가 적게 오면 pH가 상승합니다. 그러나 비 이외의 변동 요인으로 비료가 있습니다.

질소 비료에는 질산태(질산칼슘, 질산칼륨, 질산마그네슘)와 암모니아태(황산암모늄, 인산암모늄)가 있는데, 암모니아태 질소를 뿌리면 질화균이 암모늄을 질산으로 바꿉니다. 그 과정에서 수소 이온이 나오기 때문에 흙이 산성화됩니다. 또한 암모니아태 질소의 경우, 염소이온이나 황산이온 등이 남아 pH를 낮게 만들기도 합니다. 반대로 질산태 질소를 뿌리면 칼슘이나 나트륨 등의 염기성 이온이 남기 때문에 pH가 올라갑니다.

흙의 건강 진단

흙의 양분 알아보기
화학성 체크 ②

집에서 할 수 있는 간단한 양분 조사법

흙의 화학성을 체크할 때는 pH값이 적정한지를 보면서 양분의 균형이 좋은지도 살펴봐야 합니다. 정확히 측정하려면 전문 분석 기관에 맡겨야 하지만, 가정 원예에서는 시중에 파는 토양 진단 키트를 써도 충분합니다. 일본에서는 간이 토양 진단 키트 '미도리군'을 사용합니다. (우리나라에서도 온라인에서 구매할 수 있습니다.) pH 외에도 질소(질산태 질소), 인산, 칼륨 등 최소한의 필수 양분을 분석할 수 있습니다. 단 5분이면 진단할 수 있지요. '미도리군'으로는 흙 속 양분의 농도를 나타내는 염류 농도(EC)를 측정할 수 없지만, 측정값을 보고 대략적으로 EC값을 추정할 수 있습니다.

'미도리군'으로 질소 측정값이 5~10이 나왔다면, EC값이 적정하다고 볼 수 있습니다. 또한 인산이 8~15, 칼륨이 4~8 범위 내에 있으면 흙의 양분 균형이 양호하다는 뜻입니다.

EC를 정확히 측정하고 싶다면 EC 미터를 사용하면 됩니다. 시중에서 어렵지 않게 구할 수 있습니다. 꽃이나 채소가 자라는 데 알맞은 EC값은 0.2~0.5입니다.

'미도리군' 사용법

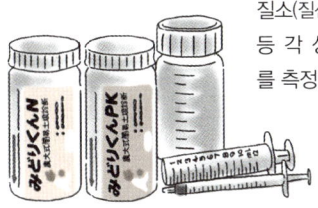

간단한 조작으로 토양 속의 질소(질산태 질소), 인산, 칼륨 등 각 성분의 양과 흙의 pH를 측정할 수 있습니다.

도랑을 파서 깊이 5~10cm 부근에 토양 채취기를 집어 넣는다.

흙을 5mL 채취한다.

채취한 흙을 플라스틱 용기에 넣는다.

흙과 물을 섞은 액체에 시험지를 3초 동안 담근 후에 꺼낸다. 1분 동안 반응을 지켜본다.

시판 정제수를 50mL 눈금까지 넣고, 1분 동안 세차게 흔든다.

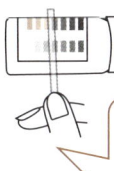

시험지의 플라스틱 쪽 면의 색깔을 용기 표면의 비색표와 비교해서 몇인지 읽는다. 위가 pH이고 아래가 질산태 질소이다. 측정값으로 pH가 6.5~7.0, 질산태 질소가 5인 경우에는 10a당(깊이 15cm까지) 5kg 포함되어 있다는 뜻이다.

10a(아르)가 1000m^2, 5kg은 5000g이므로 '5000/1000=5'가 된다. 계산값에 따라서 1m^2당 5g만큼을 밑거름에서 빼고 뿌린다. 인산과 칼륨의 경우도 똑같은 계산법을 써서 값을 구할 수 있다.

콤팩트 EC 미터

시중에 판매하는 간이 EC 측정기는 값이 조금 나가지만, 구입해두면 언제든지 원할 때마다 측정할 수 있어서 편리하다. pH를 같이 측정하는 기종도 있다.

pH와 EC(염류 농도)를 알아두면 안심이야.

살아 있는 흙인지 알아보기
생물성 체크

미생물이나 작은 곤충의 활동 보기

토양 속에 무수히 서식하는 미생물의 활동은 눈에 직접 보이지 않지만, 그들의 활동 없이는 식물이 성장할 수 없습니다. 미생물은 식물의 잔재나 동물의 배설물 등 흙 속에 들어 있는 유기화합물을 무기 영양소로 분해하여 식물이 흡수하기 쉬운 형태로 바꾸는 활동을 합니다. 또한 지렁이와 같은 흙 속 동물들은 흙을 갈아주고 배수와 공기 흐름도 좋게 만듭니다.

곤충이나 토양 미생물이 많이 살고 활발하게 활동하는 흙이 좋습니다. 흙이 떼알 구조라서 기본적으로 배수, 흡수, 통기성이 좋고 pH값과 양분의 균형이 적절하다는 것은 토양 생물성이 좋다는 뜻입니다.

구체적으로 생물이 흙 속에 얼마나 활동하고 있는지는 흙에 종이를 파묻어 보거나, 지렁이의 숫자를 세어서 확인할 수 있습니다.

흙의 생물성을 보는 방법

●흰 종이로 미생물의 활동성 진단하기

흙 속에 하얀 종이를 넣고 묻습니다. 적당히 물을 줘서 흙의 건조를 막고 2~3주 정도 지나면 파서 꺼냅니다. 종이에 빨간 곰팡이가 생겼다면 사상균 등의 활동이 활발하다는 뜻입니다. 분해가 더 진행된 경우에는 종이가 너덜너덜해집니다.

●지렁이의 숫자와 종류 보기

지렁이는 흙을 가는 활동을 하는데, 지렁이의 배설물에는 질소, 인산 등의 양분이 들어 있습니다. 흙을 파서 엎었을 때 지렁이가 많으면 좋은 흙입니다. 그러나 줄지렁이(길이 5~10센티미터로 줄무늬가 있음)가 많은 흙은 미숙한 유기물이 많을 가능성이 있습니다.

흙의 생물성을 개선하는 방법

●미생물이 적은 경우

진단용 종이가 너덜너덜해지지 않았다면 미생물의 힘이 약한 것입니다. 이를 개선하려면 질 좋은 퇴비를 매년 1제곱미터당 2~3킬로그램 뿌려서 미생물의 수를 늘려야 합니다. 또한 쌀겨 같은 유기물을 주는 것도 효과가 있습니다.

●줄지렁이가 많은 경우

퇴비를 너무 많이 넣어서 줄지렁이가 많아지면 두더지가 나와서 작물에 해를 입힐 수 있습니다. 그럴 때는 1~2년 동안 밭에 퇴비나 유기물을 주지 말아야 합니다.

토양 검정을 의뢰하는 방법

토양 검정이란 무엇인가

지금까지 흙의 건강 상태를 진단하는 방법을 알아보았습니다. 개인이 비교적 간단하게 흙의 건강을 진단하는 방법입니다. 텃밭 농사를 짓는 분들이라면 이 정도 방법으로도 자신의 텃밭 상태를 파악하고 농사에 충분히 활용할 수 있을 것입니다.

다만 농사를 직업으로 삼는 농부나 취미로 농사를 짓더라도 규모가 큰 농경지를 운영하는 사람이라면, 이 방법이 만족스럽지 못할 것입니다. 더욱 정확한 토양 상태를 알아야 하기 때문이지요. 이때 토양 검정을 각 시군의 농업기술센터에 의뢰하면 됩니다. 토양 검정은 물리적 화학적 분석 방법을 활용해 토양에 어떤 성분이 들어 있는지를 알아내는 작업입니다. 토양의 pH값, 유기물, 유효인산, 전기 전도도, 석회 소요량 등을 알 수 있습니다.

시료를 채취하는 방법과 검정 의뢰

● 밑거름을 주기 전에 시료를 채취한다

① 채취하고자 하는 지점의 지표를 삽으로 1센티미터 정도 걷어냅니다.
② 지표를 걷어낸 후, 삽으로 한 번 흙을 퍼냅니다. 이 흙은 버립니다.

③ 깊이 15센티미터 지점에서 시료를 채취합니다. 다만 삽의 뒷면이 닿은 곳의 작토층에서 채취합니다.
④ 경작지가 넓고, 정확한 분석 결과를 원한다면 전체 경작지의 5~10군데에서 흙을 채취하고 골고루 섞어 시료로 삼습니다. 이때 검정을 의뢰할 토양의 양은 500그램 정도입니다.

● **토양 검정 의뢰 시의 유의점**

농업기술센터에 시료를 보낼 때는 깨끗한 봉투에 시료를 담아 보냅니다. 이때 의뢰인의 성명, 주소, 연락처, 경작지 주소와 면적, 작물명, 재배 연차, 분석 목적, 재배 면적 등을 정확하게 기재합니다. 그래야 목적에 맞는 비료량을 제대로 산출할 수 있습니다.

밭 토양 비료 사용 처방서의 예시

(출처 : 흙토람 http://soil.rda.go.kr)

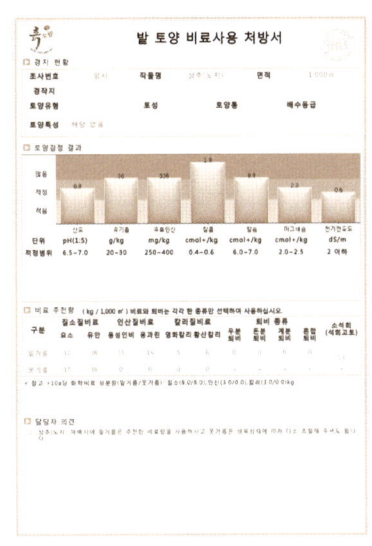

토양 검정을 의뢰하면 이와 같은 비료 사용 처방서를 받아.

COLUMN

흙 건강 진단법 총정리

이 장에서는 물리성, 화학성, 생물성이라는 세 가지 관점에서 흙의 건강을 진단하는 방법을 알아봤습니다. 여기서 꼭 기억해야 하는 네 가지 조건을 정리해봅시다.

작물이 행복한 '좋은 흙'을 만드는 필수 조건 네 가지

1 통기성 뿌리가 자라기 쉽도록 흙이 부드러워야 한다. 또한 뿌리가 호흡할 수 있도록 떼알 구조여야 하며 통기성이 좋아야 한다.

2 떼알 구조 떼알 구조를 가진 흙이어야 배수와 흡수가 잘된다.

3 알맞은 pH와 양분 균형 흙의 pH가 적정해야 하며 작물에게 필요한 양분의 양은 균형이 맞아야 한다.

4 생물 다양한 토양 미생물, 작은 동물이 살고 있어야 한다.

위의 기준으로 여러분이 가꾸는 토양을 진단하고 좋은 흙을 만들어보세요.

제 3 장

흙 만들기와 재배의 기본

밭에 흙을 만들 때는 흙의 건강 진단 결과를 바탕으로 퇴비를 투입하거나 석회 자재를 넣어서 흙의 pH를 적정하게 만들어놓아야 합니다. 그 후에 작물 성장에 필요한 양분을 밑거름으로 흙에 섞습니다. 각각 일주일 정도 간격을 두고 작업하는 것이 가장 좋으므로 씨를 뿌리거나 모종을 심기 2~3주 전에 작업을 시작해야 합니다.

흙 만들기

땅을 가는 목적

제일 처음 하는 것은 김매기입니다. 큰 돌이나 깡통, 유리 파편 등을 없애고 제초를 합니다. 주변에 그늘이 지게 하는 나뭇가지가 뻗어 있다면 가지를 베어 햇볕이 잘 들게 합니다.

땅을 가는 목적은 다음과 같습니다.

❶ 흙을 깊숙한 곳까지 부드럽게 만들어서 공기를 넣는다.
❷ 퇴비나 비료가 흙 입자와 잘 섞일 수 있도록 흙덩어리를 미리 부수어놓는다.
❸ 작토층을 깊고 부드럽게 만들어 작물 뿌리가 잘 뻗을 수 있도록 한다.
❹ 배수가 잘되게 한다.

비 온 뒤처럼 흙이 습할 때는 피해서 적당히 건조한 상태일 때, 흙덩어리를 잘게 부수어 밭을 갑니다. 늦가을부터 겨울 동안 깊숙이 밭을 갈아 언덕을 만들어서 흙이 추위나 비바람에 노출되면 흙도 잘 마르고 잡초에도 대비할 수 있습니다.

자재를 투입하는 순서

다음으로 퇴비, 석회 등의 토양 개량 자재나 비료를 줄 때는 각각을 따로따로 줘야 문제가 생기지 않습니다.

석회 자재나 용성인비를 줄 때 질소분이 들어 있는 퇴비나 암모니아가 들어 있는 비료를 같이 주면 반응이 일어나 암모니아 가스가 발생해 필요한 성분이 도망가 버리기 때문이지요.

퇴비→석회 자재→(용성인비)→비료 순서로 일주일 정도 간격을 두고 주면 흙에 안전하게 잘 섞입니다. 흙 만들기는 작물을 심기 2~3주 전부터 시작합니다.

❶ 그늘을 만드는 가지들을 친다. 흙 만들기는 제초, 쓰레기 처리, 가지치기부터 한다.

❷ 퇴비를 섞으면서 큰 흙덩어리가 없어지도록 한다.

❸ 석회 자재를 퇴비와 따로 주고, 바로 땅을 간다.

❹ 평평하게 만들어서 거름 뿌릴 준비를 한다.

평평하게 다듬어야 물이 잘 고이고 두둑이 잘 세워져.

퇴비 주기

퇴비의 역할과 사용법

좋은 흙을 만들 때 빠질 수 없는 조건이 떼알 구조입니다. 제1장에서도 봤듯이, 떼알이 형성되려면 미생물이 유기물을 분해할 때 생기는 '풀'이 필요하지요.

자연 상태에서는 낙엽이나 마른 풀 등이 퇴적되고, 그것을 미생물이 분해하기 때문에 자연스레 유기물이 흙으로 돌아갑니다. 그러나 인간이 손을 본 밭에서는 채소를 수확할 때마다 그만큼 유기물이 밖으로 빠져나가기 때문에 퇴비 같은 유기물을 다시 넣어주어야 합니다. 유기물을 미생물의 힘으로 발효시킨 퇴비는 흙을 만들 때 없어서는 안 될 토양 개량 자재입니다.

원예용품 매장에서 쉽게 구할 수 있는 퇴비로는 가축분을 주원료로 한 우분 퇴비나 계분 퇴비, 나무껍질을 주원료로 한 수피 퇴비, 낙엽 퇴비의 일종인 부엽토가 있으며 이 외에도 가정에서 생기는 음식물 쓰레기(식품 폐기물)를 사용한 음식물 쓰레기 퇴비 등이 있습니다.

퇴비는 원료에 따라 퇴비의 사용법이 달라집니다. 위에서 말한 퇴비 중 수피 퇴비나 부엽토처럼 식물을 원료로 한 퇴비는 양분이 적은 대신 흙을 폭신폭신하게 만드는 데 매우 뛰어난 효과가 있습니다. 한편, 가축분을 원료로 한 우분 퇴비나 계분 퇴비는 질소, 인산, 칼륨, 기타 비료 성분을 흙에 보급해줍니다.

퇴비의 일반적인 사용량은 밭 혹은 뜰 1제곱미터를 기준으로 폭신폭신한 식물 원료의 퇴비는 2~5킬로그램, 비료 성분이 많은 가축분 퇴비는 0.5~1킬로그램입니다.

폭신폭신한 퇴비와 비료 성분이 많은 퇴비

폭신폭신 퇴비
(부엽토, 수피)

낙엽, 짚, 왕겨, 수피 등을 원료로 사용하며 양분이 적고 섬유가 많다. 흙을 만드는 효과는 매우 뛰어나지만, 이것만 갖고는 양분이 결핍되기 쉬우므로 비료를 보급해야 한다.

비료 성분이 많은 퇴비
(가축분, 음식물 쓰레기)

우분, 계분, 음식물 쓰레기 등을 원료로 한 퇴비는 양분이 많다. 양분이 풍부하므로 비료는 살짝 적게 보급해야 한다.

흙 만들기와 재배의 기본

석회 자재 주기

석회 자재의 역할

석회 자재는 다음과 같은 역할을 합니다.

● **칼슘이나 마그네슘을 보급한다**

석회 자재는 토양이 산성으로 변하면서 잃어버린 칼슘이나 마그네슘을 보급하는 역할을 합니다.

칼슘은 식물을 튼튼히 만들며 뿌리 발달을 촉진하는 작용을 하고, 마그네슘은 인산 흡수를 돕거나 식물 체내의 효소를 활성화하는 작용을 합니다. 이러한 작용은 작물의 순조로운 성장을 위해 필요합니다.

● **알루미늄으로 인한 피해를 막는다**

산성 토양에서는 흙 속의 알루미늄이 녹아내리기 쉽습니다. 이 현상이 심하게 발생하면 뿌리에 성장 장애를 일으키거나 인산과 결합하여 작물이 호흡해야 할 인산분을 뺏기도 합니다. 석회 자재를 투입하면 알루미늄 피해를 막을 수 있습니다.

● **비료분을 흡수하기 쉬워진다**

뿌리는 스스로 유기산을 분비해 미네랄분을 녹여 흡수합니다. 흙이 산성으로 변하면 이 유기산의 활동이 더뎌져서 비료분을 흡수하기 어렵습니다. 또한 산성 토양에서는 유용한 미생물도 살기 어려워지지요. 이렇게 뿌리 주변의 환경을 잘 다지는 것도 석회 자재가 하는 역할입니다.

석회 자재의 종류별 특성

석회 자재는 대부분 석회암으로 이루어져 있다. 제조법에 따라 효과가 나타나는 속도나 효력에 차이가 생긴다. 다음과 같은 종류가 있다.

돌로마이트로 만든 것	• 고토석회 pH를 조절하면서 동시에 마그네슘도 보충해줄 수 있다는 점이 특징이다. 효과가 천천히 나타나기 때문에 뿌린 후에 바로 작물을 심어도 뿌리에 손상을 입히지는 않지만, pH 조절 효과를 제대로 보려면 작물을 심기 열흘 정도 전에 뿌리는 것이 좋다. ※돌로마이트 : 칼슘(석회)과 마그네슘(고토)을 포함한 천연 광물
석회암으로 만든 것	• 탄산칼슘(탄칼) 석회암을 부수어서 가루로 만든 것. 산성 토양이나 뿌리가 분비하는 유기산에 녹아서 천천히 효과를 발휘한다. 효과가 나타나기까지 시간이 걸리므로 석회를 뿌린 후에 열흘 정도 지나서 씨앗을 뿌리거나 작물을 심는다. • 소석회 생석회에 물을 부으면 열이 발생하고 그 과정에서 소석회가 생긴다. 이미 물과 반응을 했기 때문에 물을 뿌려도 발열하지 않는다. 알칼리성이 강하고 효과가 빠르게 나타나기 때문에 생석회와 마찬가지로 뿌리고 나서 2주 정도 지난 다음에 씨앗을 뿌리거나 작물을 심는다.
유기물로 만든 것	• 굴 껍데기 굴 껍데기의 염분을 제거하고 말려서 부순 것과 고온에서 구운 것이 있다. • 조개 화석 바닷속에 있던 조개껍질이 지각 변동의 영향을 받아 화석이 되고, 그렇게 땅속에 퇴적되어 생긴 조개 화석을 부순 것.

> 고토석회로 비에 휩쓸려 나가기 쉬운 마그네슘을 보급할 수 있지.

석회 자재 주는 법

많은 식물이 미산성에서 약산성인 토양을 좋아하지만, 식물 중에는 산성에서 큰 문제없이 잘 자라는 것도 있고 산성을 좋아하는 것도 있습니다. 기르는 작물의 종류나 흙의 pH값에 따라 석회 자재를 뿌릴 필요가 없을 수도 있습니다. 흙의 건강을 진단해서 pH값 조절이 필요한지 알아보세요.

❶ 석회 자재는 씨를 뿌리거나 모종을 심기 2주 전에 투입하는 것이 좋습니다. 강한 알칼리성을 띠는 생석회나 소석회는 뿌리고 나서 바로 작물을 심으면 뿌리가 손상을 입고, 탄산칼슘이나 고토석회는 효과가 나타날 때까지 시간이 걸리기 때문입니다.

❷ 식물 종류에 따라서 좋아하는 pH값이 다릅니다. 작물에 맞춰서 pH를 조절해주세요. 한 번 주는 양은 오른쪽 표를 참고해서 정하면 됩니다. 예를 들어 pH값을 1.0 올리고 싶을 때 고토석회의 양은 1제곱미터당 200그램입니다.

❸ 석회 자재를 흙 위에 뿌린 다음 흙과 잘 섞어주세요. 석회가 굳어 있으면 식물 뿌리에 해를 입힐 수도 있습니다.

pH 지수를 1만큼 올리기 위한 석회량

*토지 1m^{2}당

고토석회 ⋯ 200g   탄산칼슘 ⋯ 200g   소석회 ⋯ 160g   유기 석회 ⋯ 250g

※ 점토질 토양은 토양 입자가 작고 입자 주위에 석회가 많이 붙기 때문에 위에 명기한 양의 1.5배가 필요하고, 반대로 사질 토양은 위에 명기한 양의 반 정도만 넣어야 한다.

※ 유기 석회(굴 껍데기 등)는 효과가 약하므로 pH 5.0 이하의 강산성 토양 개량에는 적합하지 않다.

과다 투입에 주의

석회를 무작정 많이 투입하면 흙의 알칼리화가 일어납니다. 일단 알칼리화가 진행되면 산성을 억제하는 것보다도 어렵습니다. 석회는 꼭 적절한 양만큼만 써야겠지요.

 잘 섞였다면 반드시 pH를 확인합니다. 사전에 정해놓은 목표치(식물에 따라 최적 pH가 다르니 적정한 값을 미리 확인하기)보다 떨어질 때만 다시 석회를 뿌립니다.

석회 자재는 공기나 물에 닿으면 시멘트처럼 딱딱해지니까 밭에 준 다음에는 바로 갈아줘야 해.

주요 석회 자재의 알칼리분과 한 번에 주는 양의 기준

종류	알칼리분 (%)	주는 양 (g/㎡)
고토석회	53 이상	200~300
탄산칼슘	53 이상	200~300
소석회	60 이상	150~220
조개 화석	40~45	240~360
굴 껍데기	40	240~360

알칼리성 토양 개량하기

산성 토양보다 개량하기 어렵다

강우량이 많은 곳은 보통 흙이 산성이지만, 석회질 비료를 너무 많이 줘서 알칼리성이 되기도 합니다. 알칼리성 토양은 산성 토양보다 개량하기가 훨씬 까다롭습니다. 알칼리화가 되면 미량 요소 중에서 철, 망간, 아연, 구리 등의 용해도가 낮아져서 다양한 결핍 증상이 일어나지요.

알칼리화의 피해

미량 요소 중에서도 철, 망간, 아연, 구리 등은 pH가 상승해서 알칼리성이 강해질수록 용해도가 낮아져서 결핍 현상이 나타난다.

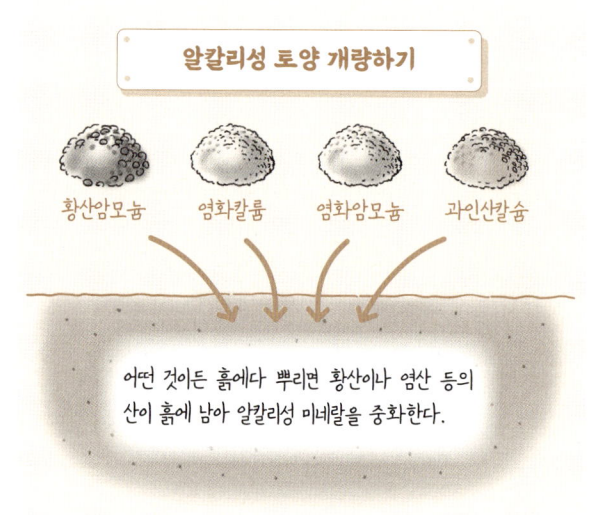

알칼리성 토양 개량하기

황산암모늄 염화칼륨 염화암모늄 과인산칼슘

어떤 것이든 흙에다 뿌리면 황산이나 염산 등의 산이 흙에 남아 알칼리성 미네랄을 중화한다.

양분이 쌓이기 쉬운 하우스·터널 재배

일반적인 밭의 토양이 알칼리화되기는 어렵습니다. 그러나 석회 자재를 너무 많이 주거나 하우스·터널 재배를 해서 석회분이 비에 쓸려 내려가지 않았을 때는 알칼리화가 일어납니다.

알칼리성이 강한 토양에서는 미량 요소가 결핍되어 작물 성장에 지장이 생길 수 있으니 신경을 써야 합니다.

하우스·터널 재배를 하면 토양에서 유실되는 양분의 양이 적기 때문에 양분이 지나치게 땅에 누적되기 쉽습니다. 집약적 농업을 추구하다 보면 비료를 무심코 많이 투입하기도 하지요.

지금은 밭으로 일구는 곳이라고 하더라도 예전에 하우스·터널 재배를 한 적이 있는 곳이라면, 흙 속의 양분이 과잉 상태일 수 있습니다. 그러니 주의해야 합니다.

석회분이 쓸려가기 어려운 하우스·터널 재배
하우스·터널 재배에서는 흙이 직접 비를 맞는 일이 없다.
비에 휩쓸려가지 못하고 흙 속에 남은 석회분의 양이 많아
토양의 알칼리화가 나타날 수 있다.

비료 주기

비료로 양분 조절 마무리하기

퇴비를 넣어 폭신폭신하게 만들고 흙의 pH값을 조절하면 흙 만들기는 끝이 납니다. 씨앗을 뿌리거나 모종을 심기 전, 작물의 초기 성장에 필요한 양분을 흙에 보충하는 일이 비료(밑거름) 주기입니다.

퇴비나 석회 자재에도 양분이 들어 있지만, 미리 비료를 주면 흙 속 양분의 균형이 잘 잡힙니다. 특히 흙 속에 한 번 넣으면 그 자리에서 거의 꼼짝도 하지 않는 인산은 이때 미리 필요한 양을 넣어둬야 합니다.

비옥한 흙에서 생산된 모종 포트는 뿌리와 흙을 그대로 옮겨 심으면 어느

두둑 높이

밭 아래 깊이 지하수가 흐르면 두둑을 특별히 높게 할 필요 없이 10cm 정도면 충분하다. 밭 아래 지근에 지하수가 흐르면 배수가 잘되지 않는다. 그러므로 두둑을 30cm 이상으로 높게 만들고 뿌리가 뻗을 작토층을 넓게 잡아주는 것이 좋다.

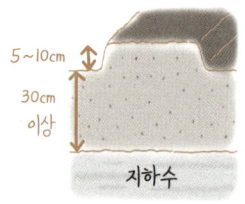

깊은 곳에 지하수가 있으면 두둑을 굳이 높게 만들 필요가 없다.

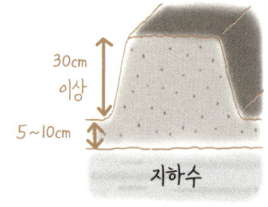

지근에 지하수가 있는데 두둑을 낮게 하면 습해를 받기 때문에 높게 쌓아야 한다.

시점까지는 비료를 주지 않아도 되지만, 그것만으로 충분하지 않으므로 옮겨 심기 전에 비료를 적당히 줘야 합니다.

채소를 키울 때는 밑거름을 주면서 두둑을 함께 세우면 좋습니다. 그러면 배수가 잘되기도 하고 작토층도 넓어져서 뿌리 성장에 도움을 줍니다. 구체적 방법은 제6장(136쪽)에 자세히 나와 있습니다.

멀칭의 효과

멀칭이란 비닐, 폴리에틸렌, 짚 등으로 지표를 덮는 것을 말합니다. 흙 만들기가 한차례 끝나면 덮어씌우고, 씨뿌리기나 모종 심기를 준비합니다.

흙 표면은 건습 차이가 크기 때문에 애써 떼알로 만들어놨던 것이 부서져 홑알이 되고 맙니다. 그러면 배수나 통기성이 나빠지지요. 두둑을 세운 후에 멀칭을 해놓으면 흙의 건조를 막으면서 동시에 비를 맞아 떼알이 무너지는 것도 예방할 수 있습니다.

그 밖에 멀칭의 효과는 다음과 같습니다. ①흙의 습도를 높여줍니다. ②잡초와 병해충을 예방합니다. ③관수로 인한 흙의 침식을 방지합니다. ④비료 유실과 수분 증발을 막아줍니다. 멀칭은 특히 작물의 그루가 아직 작을 때 효과가 좋습니다.

멀칭 종류

멀칭을 깔 때 기온이 낮은 시기에는 지온 상승 효과가 탁월한 투명, 녹색, 검은색이 좋다. 기온이 높은 시기에는 볏짚, 베어낸 풀 등을 깔거나 은색 멀칭, 배색 이중 멀칭 등을 하면 좋다.

밭 토양의 염류 제거와 소독

연작 장해를 막아준다

작물을 기르고 난 후, 수확할 때 나온 잔재물이 밭에 남아 있습니다. 그래서 잡초 씨앗이나 해충 알 등으로 토양 병해가 발생할 위험성이 높아진 상태입니다. 또한 흙 속의 비료 성분이 균형 잡혀 있지 못해 그대로 새 작물을 재배하면 성장 불량이 나타납니다. 연작 장해의 원인이 되기도 하니, 이를 해결하는 방법을 소개해보도록 하겠습니다.

구체적으로 ①과도하게 축적된 양분 제거 ②잡초 씨앗이나 해충 알 등의 소독 후 박멸이라는 두 가지 목적이 있습니다.

과다한 양분을 흡수해주는 작물

여러 해 채소를 기른 흙에는 비료가 과도하게 섞여 있을 수 있습니다. 특히 인산은 흙에 한번 들어가면 비에 잘 휩쓸려 가지도 않고 거의 꼼짝하지 않습니다. 퇴비나 비료를 자주 준 좋은 흙인 줄 알지만, 양분 과다로 건강하지 못한 흙일 수도 있습니다.

양분이 너무 많이 쌓인 밭에는 흡비력이 강한 채소를 기르면 작물이 성장하면서 과다해진 양분을 흡수해줍니다. 아래 그림으로 그 예를 살펴봅시다.

❶ 옥수수 수확

❷ 공심채 씨를 뿌린다. 공심채는 가지 끝을 차례차례 쥐어뜯어 기름에 볶으면 맛이 있다.

❸ 공심채가 딱딱해지면 뽑아서 잘게 잘라 파묻고 흙을 간다.

❹ 브로콜리나 콜리플라워를 아주심기한다. 전 단계를 마치고 2주 후에 심는 것이 좋다.

※ 어떤 채소든 비료를 흡수하는 힘이 강하므로 밭의 염류를 제거할 수 있다. 어떤 채소든 비료 없이 기르고, 브로콜리와 콜리플라워는 성장이 좋지 않으면 흙을 북돋을 때 질소 비료만 투입한다.

태양열로 하는 토양 소독

병해가 이미 발생한 토양이라면 한여름 맑은 날에 흙을 잘 간 뒤, 물을 듬뿍 주고 투명 멀칭을 해서 약 한 달 동안 두는 '태양열 소독'을 추천합니다. 농약, 열수 소독 장치 등이 없어도 할 수 있습니다.

뒷장에 작업 내용을 자세히 설명했으니까 참고해.

태양열 소독

여름

❶ 쌀겨를 흩뿌린다
- 쌀겨의 양은 1a당 20kg이 기준.
- 밭이 메말랐다면 물을 뿌린 다음이나 비가 온 후에 뿌린다.

> 태양열 소독을 하려면 어느 정도 수분이 필요해요.

❷ 꼼꼼하게 갈아서 밭흙과 잘 섞어준다
- 쌀겨를 먹이로 미생물이 늘어난다.
- 작물 수확 후 남은 찌꺼기에 붙어 있던 병원균은 먹이를 잃고 줄어든다.

❸ 두둑을 세우고 멀칭을 친다
- 재배할 작물에 알맞은 높이와 폭의 두둑을 세우고 멀칭을 친다.
- 병해충은 대부분 땅의 기온이 40~50℃ 이상이 되면 며칠 안으로 죽기 때문에 지온 상승 효과가 뛰어난 투명 멀칭이 좋다.

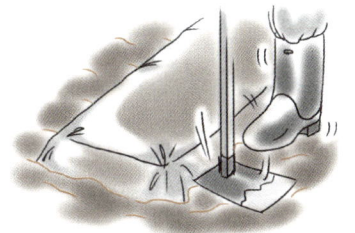

> **꼭 기억하자!**

멀칭은 땅 표면에 딱 붙인다

- 멀칭을 흙에다 딱 붙일수록 땅의 온도가 잘 올라간다.
- 멀칭 끝부분을 발로 밟으면서 흙을 잘 덮어 마무리한다.

❹ **소독 후에는 그대로 작물을 심는다**
- 20~30일 동안 둔다.
- 땅 표면과 가까울수록 소독 효과가 높으므로 밭을 갈면 효과가 떨어진다. 멀칭을 사용한 경우에는 그대로 작물을 심으면 된다.
- 멀칭을 사용하지 않을 경우에는 멀칭을 제거한 후에 밭을 갈지 않고 작물을 심는다.

 겨울

흙 말리기

겨울철 혹한기에는 흙을 파낸 뒤 그대로 두면 병원균이나 해충이 제거된다.

토양 소독 족집게 레슨

소독이 끝나고 바로 퇴비를 주지 않는다

균핵병, 묘입고병, 양배추나 배추 등에 생기는 뿌리혹병 같은 토양 전염성 병해에는 태양열을 이용한 흙 소독이 효과적입니다. 흙 속의 잡초 씨앗, 해충알, 요충을 없애는 효과도 있습니다.

그러나 어떤 방식의 소독이든지 일부 병원균은 살아남습니다. 태양열 소독이 끝난 후 바로 퇴비나 유기질 비료를 투입하면 살아남은 균이 그것을 먹이 삼아 증식할 수 있으므로 주의해야 합니다. 퇴비나 유기질 비료는 토양 소독 전에 미리 주는 것이 좋습니다. 병원균의 먹잇감이 되지 않는 무기질 비료는 소독 후 바로 사용할 수 있습니다.

태양열 소독 후 바로 사용해도 될까?

태양열 소독 전 쌀겨를 주면 효과적이다

쌀겨는 유기물 중에서도 미생물이 좋아하는 먹이입니다. 그러므로 태양열 소독을 하기 전에 미리 주면 병원균을 증식시킨 뒤 단번에 살균할 수 있습니다.

쌀겨는 질소나 인산을 많이 포함하고 있어 쌀겨를 주었다는 사실을 잊고 비료를 주면 흙 속에 양분이 지나치게 많아지므로 유의해야 합니다.

제4장

화분과 텃밭 상자의 흙 만들기

화분이나 텃밭 상자를 활용하는 재배를 하면 뜰이나 베란다 같은 작은 공간에서도 채소를 기를 수 있습니다. 이동도 쉬워 가정에서도 손쉽게 할 수 있는 원예 방식으로 널리 사용되고 있지요. 좋은 흙의 조건은 기본적으로 밭과 일맥상통하지만 통기성과 배수력에 특히 신경을 써야 합니다.

상자 재배의 특징

뿌리를 뻗을 공간이 좁다

상자 재배란 텃밭 상자나 화분 등 용기 안에서 식물을 재배하는 것을 말합니다. 그렇기 때문에 밭 재배와 상자 재배는 뿌리가 자라는 환경에 큰 차이가 있습니다. 상자 재배를 할 때는 뿌리가 뻗는 공간이 한정되어 있기 때문에 비료분도 수분도 산소도 부족해지기 쉽지요.

뿌리는 양분과 물을 흡수해서 줄기와 잎에 공급합니다. 뿌리는 잎에서 공급받은 탄수화물을 호흡으로 산화해 활동 에너지를 만들어내기 때문에 산소가 반드시 필요합니다. 텃밭 상자에서는 뿌리끼리 서로 산소를 빼앗기 때문에 산소 결핍이 일어나기 쉽고, 뿌리는 텃밭 상자 안에서도 비교적 공기가 많은 바닥이나 주변으로 뻗어가기 때문에 노화하거나 쇠약해지기 쉽습니다. 뿌리가 쇠약하면 식물이 아랫잎부터 시듭니다.

재배용 흙은 배수가 중요하다

상자 재배를 할 때는 배양토가 적고 텃밭 상자 안의 온도가 상승하기 쉽기 때문에 물 주기가 아주 중요합니다. 상자 재배에 실패하는 많은 경우가 물이 부족해서 잎이 시들거나 반대로 물을 너무 많이 줘서 뿌리가 썩는 것입니다.

물 주는 횟수를 줄이기 위해 흡수를 잘하는 점토질 흙을 많이 배합할 수도 있지만 점토질의 재배용 흙은 입자 사이가 좁아서 산소가 부족해지기 쉽습니다. 또한 흙 속에 수분이 항상 많은 상태에서는 뿌리가 뻗지 못합니다.

물이 빠지고 흙 속에 산소가 많아지면 뿌리가 자라나고 비료를 흡수하는 세근과 근모가 발달합니다. 따라서 흙이 얼마나 건조한지 습한지 관심을 두고 있다가 흙 표면이 하얗게 마르면 물을 충분히 주는 것이 요령입니다. 재배용 흙을 만들 때 배수에 신경 쓰는 것이 좋습니다.

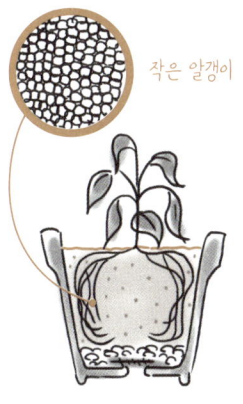

알갱이가 작은 재배용 흙은 물을 잘 머금지만, 산소가 부족해져 뿌리가 썩기 쉽다.

흙 알갱이 틈이 넓으면 물이나 비료 성분이 잘 쓸려 내려가지만, 새 공기가 들어와 뿌리가 성장한다.

비료는 자주 넣어준다

물 주기 횟수가 많으면 비료가 쓸려 내려가기 쉽기 때문에 그때그때 비료를 추가할 필요가 있습니다. 한 번에 많이 줘도 보존할 수 있는 비료분의 양은 한정되어 있으므로 염류 집적이 일어날 우려가 있습니다. 비료를 넣을 때는 연한 액체 비료가 좋고, 효과가 천천히 나타나는 완효성 비료를 덩이 비료로 주는 것도 좋습니다.

관엽 식물 같은 영년생 식물은 1년 정도 주기로 노화한 뿌리를 잘라내고 새로운 배양토에 다시 심으면 새 뿌리가 자라납니다. 오래된 재배용 흙은 손을 봐서 뿌리를 관리해줍시다.

완효성 비료로 덩이 비료를 준다

화분이나 텃밭 상자에서 재배할 때는 부지런히 비료를 추가해야 해!

주요 재배용 흙의 특징

배합이 기본

한정된 양의 흙으로 식물을 기르는 상자 재배에서는 산소를 충분히 공급하는 것이 관건이므로 재배용 흙이 배수가 좋으며 흡수력과 보비력이 있어야 이상적입니다. 이를 위해서 여러 가지 종류를 배합해서 재배용 흙을 만듭니다.

미숙 퇴비나 유기질 비료는 병원균이 좁은 용기 안에 가득 퍼지게 되므로 절대 사용하면 안 됩니다. 반드시 부숙되어 폭신폭신한 비료를 사용합니다.

기초가 되는 기본 재배용 흙

상자 재배 때 쓰는 기본 흙은 적토, 흑토, 밭흙, 적옥토, 논흙, 재생토 등입니다. 이 흙들은 값이 싼 데다가 대량으로 얻을 수 있고 흡수력과 보비력이 좋습니다.

이런 흙에 부엽토, 피트모스, 완숙 퇴비 등을 약 6대 4의 비율로 섞는 것이 기본입니다. 식물성 재배용 흙은 배수가 잘되게 하고, 공기가 잘 통하게 만들며, 미생물 수를 늘려주고 흡수력과 보비력까지 있습니다.

식물성 재배용 흙은 시간이 경과하면 기능이 떨어집니다. 1년 정도 지나서 흙 소독을 하고(96쪽 참고) 새로 부엽토나 적옥토 등을 더하면 다시 쓸 수 있습니다.

주요 재배용 흙의 성질

| 흡수력과 보비력이 좋은 재배용 흙 | 배수력이 좋은 재배용 흙 |

적토, 밭흙, 흑토, 점토

가루 형태이며 무겁다.

보비력 UP   흡수력 UP

적옥토, 녹소토, 경석, 모래와 자갈

알갱이 형태이며 틈새가 많다.

배수력 UP

재배용 흙은 잘 섞어서 쓰는 게 기본이지! 쌩쌩!

기본 재배용 흙을 보완하는 흙

상자 안의 재배용 흙에 제올라이트, 버미큘라이트나 왕겨, 야자 껍질 활성탄 등을 5~10퍼센트 정도 더하면 통기성이나 흡수력이 좋아지고 암모니아를 빨아들이는 등 뿌리가 썩는 것을 막아주는 효과가 있습니다.

재배용 흙의 종류는 뒷장에서 한눈에 살펴볼 수 있어!

기본 재배용 흙을 보완하는 다양한 종류의 흙

버미큘라이트　　펄라이트　　야자 껍질 활성탄

제올라이트　　왕겨 훈탄

화분과 텃밭 상자의 흙 만들기

주요 재배용 흙

이름	통기성	보비성	흡수력	특성
적토	△	◎	◎	유기물을 포함하지 않는 점질의 화산재 흙으로 약산성을 띤다. 인산분을 많이 주어야 한다.
적옥토	◎	◎	○	화산재가 섞인 일본 흙을 고온 처리한 것. 보비성이 좋다.
녹소토	◎	◎	○	화산 분출로 생긴 다공성 흙으로 난석의 한 종류. 산성은 강하지만 통기성이 좋다.
흑토	△	◎	◎	유기물을 많이 포함하며 가볍고 부드러운 화산재 흙. '흑복토'라고도 한다. 보비성이 좋다.
논흙	△	◎	◎	무논의 심토나 하천 부지의 충적토로 보비성이 뛰어나다.
휴가토	◎	◎	○	휴가사(砂)라고도 한다. 황갈색의 경석으로 통기성이 좋고 난초류, 산야초, 분재에 활용된다.
강모래	◎	△	△	말 그대로 강에서 채취한 모래를 뜻한다. 통기성 개선에 적합하다.
동생사	◎	△	○	적갈색 화산 자갈과 모래로 철분을 많이 포함한다. 분재, 산야초 등에 이용되기도 한다.
부사사	◎	△	△	산야초 재배, 암석 정원에 적합하다. 통기성 향상을 위해 많이 쓰인다.
산모래	△	◎	◎	각지의 산에서 채취한 모래로, 잔디를 덮는 용도로 많이 쓰인다.
경석	◎	△	△	다공질로 통기성이 매우 좋기 때문에 컨테이너 바닥에 까는 돌멩이로 자주 쓰인다.
수태	◎	○	◎	큰물이끼 같은 이끼류를 건조한 것으로 통기성과 흡수력이 좋다.

개량에 이용하는 재배용 흙

	이름	통기성	보비성	흡수력	특성 및 주의점
식물성 재배용 흙	퇴비	◎	◎	○	짚, 낙엽, 우분 등의 유기물을 부패·발효시킨 것이다.
	부엽토	◎	◎	○	활엽수의 낙엽이 퇴적해 발효된 것. 시판품은 품질에 편차가 심하니 주의가 필요하다.
	피트모스	◎	○	◎	습지 식물이 쌓여서 생긴 토양. 부엽토 대신 이용된다.
보완하는 재배용 흙	버미큘라이트	◎	◎	○	질석을 약 1,000℃에서 소성 가공한 것. 흑토, 논흙 등 무거운 흙과 병용하지 않도록 한다.
	펄라이트	◎	△	△	진주암을 부수어 약 1,000℃에서 가공한 것. 통기성과 배수성이 뛰어나다.
	훈탄	◎	○	○	왕겨를 태워 만든 것. 통기성을 개선해주므로 흑토나 논흙 같은 기본 재배용 흙에 섞어서 사용한다.
	야자 껍질 활성탄	◎	○	○	야자 껍질을 태워 만든 것. 유해 물질을 빨아들이는 작용이 있고 통기성도 좋아지므로 훈탄과 같은 용도로 쓴다.
	규산염 백토	◎	◎	○	특수한 점토를 가열해서 불순물을 제거하고 정제한 것. 보비성이 높고 뿌리썩음병을 방지하는 효과도 있다.
	제올라이트	○	◎	○	불석이라고 하는 천연광물이다. 보비성이 높다. 뿌리썩음병을 방지하기 위해 화분 바닥에 깔 때도 있다.
	코코피트	◎	○	○	야자나무의 과피로 만들어진 것으로 피트모스 대신 쓸 수 있다. 가볍고 사용하기 쉬우며 통기성이 좋다.

작물마다 흙 종류가 다르다

채소류는 비료 흡수량이 많기 때문에 보비력이 있는 재배용 흙을 쓰는 것이 좋습니다. 부엽토 대신 우분 퇴비를 넣는 것도 효과가 있지요.

관엽 식물이나 화초는 대부분 비료분이 그렇게 많이 필요하지 않습니다. 보비력보다 배수력이 중요합니다. 특히 난초류는 배수가 잘되는 환경을 좋아합니다. 카틀레야 같은 착생란은 기근이라 불리는 뿌리가 공기 중 습기를 흡수하기만 해도 자라나므로 통기성이 좋은 수피나 경석을 사용합니다. 분재도 보비력은 필요 없어 배수력이 좋은 적옥토 세립이나 모래를 사용합니다.

수피

나무껍질을 가루로 만든 것. 통기성이 뛰어나며 난초류의 재배용 흙으로 사용된다. 또한 큰 파편은 관엽 식물 화분 위에 깔아두면 배수와 통기성이 좋아지며 보기에도 좋다.

라이프 스타일에 맞춘 재배용 흙 배합

상자 재배에서는 물을 너무 많이 줘서 뿌리썩음병이 생기거나 물을 주지 않아서 말라 죽는 일이 실패의 주요인입니다. 재배하는 식물의 종류에 따라서도 차이가 있겠지만, 자신이 물을 수시로 줘야 직성이 풀리는 편인지 물 주기를 게을리하는 편인지를 알고 기본 재배용 흙과 부엽토의 배합 비율을 조절해가는 것도 한 가지 방법입니다.

라이프 스타일에 따라 재배용 흙 배합을 바꾼다

물을 수시로 주는 타입
물을 너무 많이 줘서 시들어버려요.

부엽토를 넉넉하게
1 : 1
기본 재배용 흙 / 부엽토

자갈을 더 많이 깔아서 배수가 잘되도록 한다

물 주기를 게을리하는 타입
물을 자주 주지 않아 시들어버려요.

기본 재배용 흙을 넉넉하게
6 : 2 : 2
기본 재배용 흙 / 부엽토 / 버미큘라이트 펄라이트 등

물이끼를 더 많이 넣어서 물의 증산을 억제한다

화분과 텃밭 상자 고르기

상자의 재질

상자의 종류에는 크게 화분과 텃밭 상자가 있습니다. 재질을 질그릇이나 플라스틱 중 어떤 것으로 하는지에 따라 재배용 흙 배합법도 달라집니다.

상자 바닥이 중요하다

화분이나 텃밭 상자 바닥의 배수 구멍은 물이 빠져나갈 뿐만 아니라 공기가 드나드는 곳이기도 하므로 막히지 않도록 주의합니다. 질그릇 화분은 저온에서 굽기 때문에 밀도가 낮아서 보이지 않는 구멍이 무수히 많습니다. 화분의 벽면에 물이 침투하여 외벽으로 서서히 증발하기 때문에 투수성이 좋다는 장점이 있습니다.

최근에는 가볍고 값이 싸며 잘 깨지지 않는 플라스틱 화분이나 텃밭 상자가 주류인데, 플라스틱제는 투수성이 없기 때문에 배수가 무척 중요합니다. 화분 높이의 3분의 1 정도까지 차도록 자갈을 넣고, 그 위에 배양토를 넣습니다. 흙의 표면부터 상자 윗부분의 가장자리까지 3~4센티미터 정도 물 공간을 확보해두는 것도 중요합니다.

상자의 종류별 장단점

텃밭 상자   플라스틱 화분

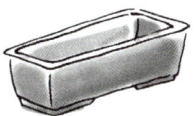 

- 장점: 값이 싸고 잘 깨지지 않는다.
- 단점: 투수성이 없다.

테라코타 화분

 800도 이상에서 구운 것   700~800도에서 구운 것

- 장점: 투수성이 좋다.
- 단점: 무겁고 깨지기 쉽다.

시유도기   목재 상자

- 장점: 투수성이 좋다.
- 단점: 무겁고 깨지기 쉽다.

비료 포대   스티로폼 상자

 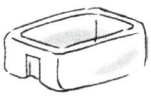

- 장점: 쉽게 버릴 수 있고 용량이 크다.
- 단점: 외관상 예쁘지 않고 배수가 나쁘다.

> 상자 재질에 맞춘 관수 처리를 생각해봐야 해.

배수가 잘되게 하는 법

플라스틱 화분

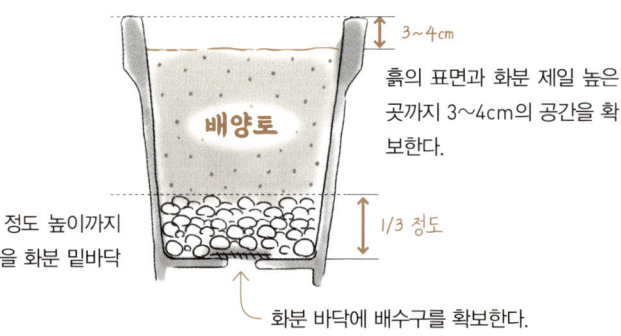

3~4cm
흙의 표면과 화분 제일 높은 곳까지 3~4cm의 공간을 확보한다.

화분의 1/3 정도 높이까지 차도록 자갈을 화분 밑바닥에 깐다.

1/3 정도

화분 바닥에 배수구를 확보한다.

비료 포대

구멍을 뚫어 배수가 잘되게 한다.

스티로폼 상자

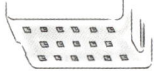

서까래나 벽돌로 다리를 만들어 배수가 잘되게 한다.

식물의 성장에 맞춰 화분을 교체한다

큰 화분에는 배양토가 많아야 흡수력과 보비력이 좋고 식물도 크게 자라납니다. 그러나 모종이 작을 때부터 큰 화분에 심으면 뿌리가 화분 주변으로만 자라고 중심으로 뻗질 못합니다. 왜냐하면 화분 중심부는 온도가 잘 올라가지 않아 공기가 들어가기 힘들기 때문입니다.

화분 전체에 뿌리를 뻗게 하려면 육묘 포트에서 중간 크기 화분으로, 중간 크기 화분에서 큰 화분으로 성장에 맞춰 옮겨심기를 해야 합니다.

옮겨심기나 분갈이를 할 때 주의할 점

원래 쓰던 배양토와 같은 흙을 사용해야 한다.

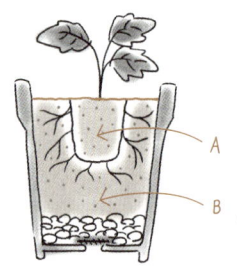

A
B A와 B는 같은 배양토를 사용

분갈이 시기

화분 바닥의 배수 구멍에서 흰 뿌리가 나왔을 때가 분갈이를 할 적절한 시기다. 화분에서 꺼내보면 뿌리가 전체적으로 퍼져 있을 것이다. 분갈이가 늦으면 뿌리가 노화해 잘 자라지 않는다.

배수 구멍에서 흰 뿌리가 나오면 분갈이를 할 시기

식물과 화분 크기의 관계

화분의 크기는 식물의 생육이나 길이에 맞춰 정해야 하는데, 뿌리는 지상부를 받치는 역할을 하므로 보통 지상부가 커지는 식물들은 화분이 커야 합니다.

토마토, 가지, 오이 등의 여름 채소를 처음으로 재배한다면, 이런 과채류는 생육 기간이 길고 뿌리가 두껍고 길게 뻗어 비료나 물의 흡수량이 매우 많다는 사실에 유의하세요. 한 그루당 약 10~20리터의 배양토가 필요합니다.

엽채류 중에서도 크게 자라는 배추와 양배추 또는 무와 감자 등의 뿌리채소는 땅에 깊이가 필요하므로 10리터 이상의 배양토에서 길러야 합니다.

그러나 작은 화분에 심어서 일부러 작게 기르는 것도 한 가지 방법입니다. 예를 들어 땅에 심으면 2미터 이상 자라나는 해바라기를 화분 5호짜리에 심으면 약 20센티미터 높이로 자라며 무척 귀여운 해바라기꽃이 피어납니다.

땅에 심으면 2m 이상 자라는 해바라기가
5호 화분에 심으면 20cm 정도 되는 높이로 자란다.

시판 배양토 잘 고르는 법

편리한 시판 배양토

재배할 식물에 맞춰서 이미 재배용 흙을 배합한 전용 배양토가 시중에 판매되고 있습니다. 구입하기 전 아래 항목을 잘 확인해보세요.

Check! 어떤 식물에 적합한지

채소용인지 원예용인지, 채소용이라면 어떤 채소류인지 확인합니다.

Check! 비료가 들어 있는지

비료가 들어 있는지 확인합니다. 비료가 들어 있다고 표시되어 있으면 밑거름을 줄 필요가 없고, 1개월 후에 웃거름을 주면 됩니다. 그러나 들어 있는 비료의 효과가 빨리 나타나는지 천천히 나타나는지, 유기질 비료인지 무기질 비료인지에 따라 추가하는 방법이 다르므로 이 부분도 확인합니다.

Check! 산도 조절제인지 아닌지

산도 조절제 표시가 있으면 석회류를 추가할 필요가 없습니다. pH 조절을 하지 않은 경우에는 고토석회를 추가해야 합니다.

**Check! 배합 재료와 그 비율에 따라 배수나 보비력이 달라지므로 반드시 확인합니다. 또한 수피 퇴비라면 부숙 정도도 반드시 확인해야 합니다.

Check! 제조사 이름 및 소재지

제조사의 이름과 소재지 표시도 알아둡니다.

시판 배양토는 정말 편리하지만 값비싼 제품이 많으므로 흙에 익숙해지면 저렴하게 구할 수 있는 기본 재배용 흙을 근처에서 구해 스스로 배합해보세요.

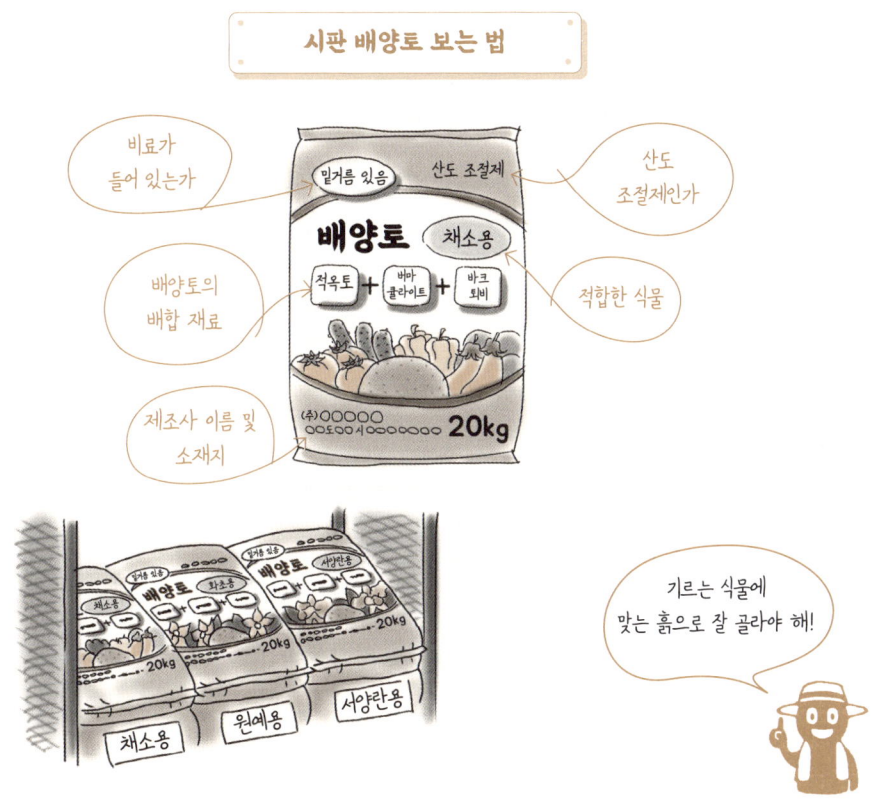

화분과 텃밭 상자의 흙 만들기

재배용 흙 배합의 기본

기본 재배용 흙의 차이에 따른 조절

흑복토 계열의 흑토, 적토, 적옥토는 인산 함유량이 적으므로 인산을 많이 풀어야 합니다. 또한 회석분도 적고 산성이 되기 쉬우므로 고토석회도 추가로 넣어줍니다.

점토질인 밭흙은 보비력이 있는 대신 통기성과 배수력이 좋지 않습니다. 뿌리썩음병을 일으키기 쉽다는 결점이 있으니 부엽토를 40~50퍼센트 더해 조절하면 좋습니다.

적토·적옥토·흑토 – 용성인비를 보급

- 용성인비로 산성도 교정할 수 있다.
- 큰 화분, 장기 작물일수록 큰 알갱이를 쓴다.
- 인산의 흡착력이 강하므로 과인산칼슘도 추가한다.

용성인비 20g/10L

논흙 – 부엽토를 넉넉하게

배수성과 통기성이 좋지 않으므로 부엽토의 도움을 받는다.

부엽토 40~50% : 논흙 50~60%의 비율로 맞춘다

흙의 특징에 맞춰 조절해주자!

양분이 풍부한 재배용 흙을 만드는 법

화분과 텃밭 상자에서 쓰는 흙은 기본 재배용 흙과 식물성 재배용 흙(부엽토)을 6:4로 혼합한 뒤 기타 재배용 흙을 보충해서 만듭니다. 만약 유기질 비료나 석회류를 써서 양분이 풍부한 재배용 흙을 만들고 싶다면 미리 배합해서 잘 섞어두는 것이 중요합니다. 특히 깻묵 같은 유기질 원료를 밑거름으로 쓸 때는 기본 재배용 흙과 섞어서 약 1개월 정도 놔둔 후 적당히 관수를 해서 유기물 부숙을 촉진합니다.

흙 소독

태양열로 소독하기

한번 재배에 이용한 오래된 흙은 병원균의 증식이나 침투로 인해 감염이 발생할 수 있습니다. 그렇다고 해서 처분하는 것도 아깝지요. 그대로 사용할 수는 없지만, 흙을 태양열로 소독하면 재배용 흙으로 다시 이용할 수 있습니다.

쓰레기봉투나 비료 포대를 이용한 태양열 소독법

❶ 재배용 흙에 관수를 하면서 잘 섞는다.

❷ 흙 전체를 촉촉하게 만든 다음 쓰레기봉투에 넣어 묶는다.

검은 봉투보다 투명한 봉투를 쓰면 열이 위로 잘 올라온다

흙이 말라 있으면 열이 골고루 전달되지 않아 효과가 절반으로 뚝 떨어진다

❸ 5~6월이면 1개월 동안, 장마철이 지났다면 20일 동안 햇볕에 쬔다.

텃밭 상자를 이용한 태양열 소독법

그 밖의 간단한 소독법
• **햇볕 소독**

석회질소는 재배용 흙 10L당 20g

낙엽, 시든 풀 등은 양손 가득

❶ 전에 길렀던 그루를 제거하고 낙엽, 시든 풀, 석회질소를 넣어 잘 섞는다.

투명한 비닐에 촉촉하게 적신 흙을 넣는다. 콘크리트나 아스팔트 같은 곳 위에 올려두되, 흙 두께가 지면으로부터 10cm 정도가 되도록 해서 한여름 햇볕 아래에 둔다. 이렇게 하면 비닐 안의 온도는 60℃ 이상으로 올라간다. 하루 이틀 후에 비닐을 뒤집어서 또 하루 이틀 정도 햇볕을 쬐이면 끝.

배수구를 막는다

❷ 배수구를 막고 물을 가득 넣는다.

❸ 비닐 필름으로 덮고 해가 잘 드는 곳에 둔다. 물이 줄어들면 추가한다. 가을~겨울에는 1개월, 여름에는 2주.

나머지 비료 성분이 흘러나온다

❹ 물을 빼고 재배용 흙을 잘 휘저어 섞으면서 2~3회 물을 갈아준다.

• **열탕 소독**

흙을 용기에 넣고 끓는 물을 흙 전체가 잠기도록 붓는다. 온도가 떨어질 때까지 두었다가 물을 다 빼서 말린 뒤 쓴다.

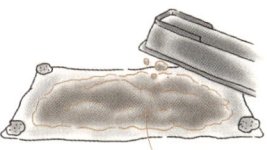

너무 잘게 부수지 않는 편이 좋다

❺ 시트에 흙을 쏟아서 말린 뒤 기본 흙으로 사용한다.

화분과 텃밭 상자의 흙 만들기

COLUMN

재생토 사용하기

재배용 흙을 배합해서 흙을 폭신폭신하게 만들자

재생토는 태양열 소독으로 병해충이 대부분 사멸했지만 떼알이 무너지고 가루 상태가 되어 통기성이나 배수력이 나쁜 상태입니다. 재배용 흙을 추가적으로 배합해 폭신폭신한 흙으로 만들어봅시다.

재배용 흙 배합 예시

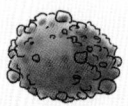

재생토 : 5 — 재생토는 뭉쳐 있던 흙이 가루 상태가 되고 떼알도 부서지기가 쉬워서 통기성과 배수력이 나쁘다.

적옥토 : 2 — 통기성과 배수력이 좋은 적옥토를 기본 재배용 흙으로 첨가한다.

부엽토 : 3 — 유기물인 부엽토를 넉넉하게 넣어 흙을 폭신폭신하게 만든다. 식물질의 완숙 퇴비도 좋다.

훈탄 : 약간 — 통기성 개선을 위해 넣는다.

이렇게 하면 훌륭한 흙이 돼.

제5장

비료의 기본과 고르는 법

식물을 건강하게 기르려면 비료가 빠질 수 없습니다. 비료는 원료에 따라 크게 무기질 비료와 유기질 비료로 나뉩니다. 그 밖에도 포함되는 성분의 수, 모양, 효과 등에 따라 다양하게 분류할 수 있습니다. 비료마다 각각의 특징이 있으므로 용도에 따라 나눠 쓰는 것이 중요합니다. 비료의 기본을 확실히 익혀봅시다.

흙과 비료의 관계

왜 비료가 필요한가

야생 동물의 분뇨나 말라 죽은 식물이 흙으로 돌아가서 유기물이 되고 흙을 기름지게 만들면서 자연계는 순환합니다. 인간은 자연계가 오랫동안 만들어 온 대지를 밭으로 가꾸어 식량으로 쓸 작물을 재배합니다. 그런데 수확한 작물은 양분을 갖고 나갈 뿐 흙에게 돌려주지 않습니다. 인간이 순환을 중간에서 끊고 있는 것이지요.

이 때문에 밭에 퇴비 같은 유기물을 돌려주거나 비료를 주어서 기름진 땅으로 되돌리는 작업을 하지 않으면 흙은 메마릅니다. 덧붙여서 현재 작물 대부분은 야생에서 살아가는 종과 비교하면 비료를 더 좋아하도록 개량되어 있습니다. 결국 밭에는 퇴비뿐만 아니라 작물이 흙에서 흡수한 비료 성분을 보충해야만 작물이 잘 자랍니다.

채소와 꽃을 만들기 위함이다

흙 만들기의 목적은 작물이 자라기 쉬운 토양 환경을 조성하는 것입니다. 퇴비, 부엽토, 석회 등의 토양 개량제를 풀어서 식물이 영양을 흡수하기 쉬운 상태인 폭신폭신한 흙으로 만드는 것이 기본이지요. 퇴비나 부엽토의 가장 큰 역할은 토양 환경을 개선하는 것입니다.

　토양 환경이 좋다고 해서 작물이 생각대로 크는 것은 아닙니다. 채소든 꽃이든 각각 필요로 하는 양분, 즉 비료를 줘야 하지요.

　작물이 자라나려면 질소, 인산, 칼륨이라는 3요소(다량 원소)와 기타 다양한 미량 원소가 필요합니다. 씨를 뿌리거나 모종을 심기 전에 주는 비료를 '밑거름'이라고 하고, 자라는 도중에 주는 비료를 '웃거름'이라고 합니다. 퇴비와 비료를 같은 것으로 착각하기 쉬운데, 퇴비는 흙 만들기를 위한 것이고, 비료는 채소와 꽃의 성장을 위한 것이라고 생각하면 됩니다.

작물이 흡수해서 부족해진 양분을 비료로 보충한다

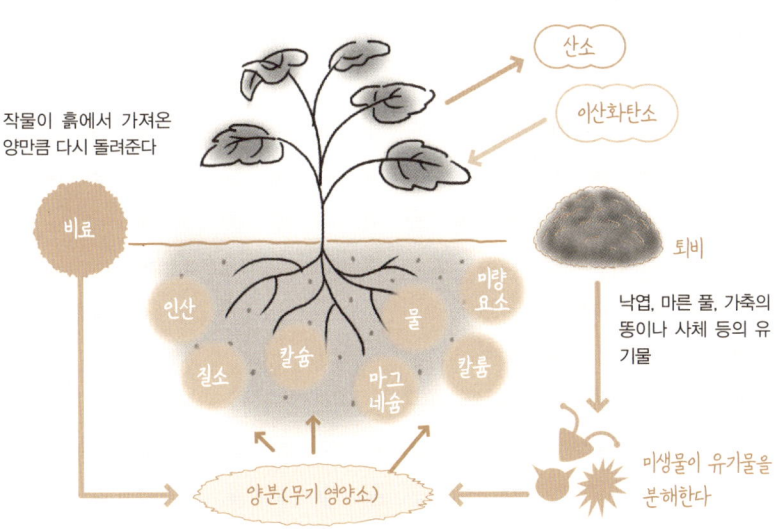

식물이 필요로 하는 원소의 종류

17가지 필수 원소

식물이 흡수하는 양분이 무기물이라는 사실은 19세기 중반, 독일의 화학자 리비히가 밝혀냈습니다. 그의 무기 영양론에 따라 무기질 비료가 개발되었고, 그 후 농업은 크게 바뀌었습니다.

현재 지구상에서는 원소 118가지가 발견됐습니다. 인공적으로 만들어진 것을 제외하고 자연계만 따지면 90가지 정도 됩니다. 그중에서 식물 성장에 필요하다는 원소는 적어도 17가지인데, 이를 식물의 필수 원소 또는 필수 요소라고 부릅니다. 필수 요소 중에서 수소, 산소, 탄소는 잎이나 뿌리를 통해 흡수하고 나머지 14가지는 뿌리에서 양분으로 받아들입니다. 14가지 원소가 부족해지지 않게 비료로 줍니다. 원소를 다량 원소와 미량 원소로 구분하는 것은 작물이 흡수하는 양에 달려 있습니다.

다량 원소

10a당 5kg 이상 흡수되는 것. 질소, 인산, 칼륨 외에도 칼슘, 마그네슘, 황으로 분류한다.

미량 원소

10a당 100g 이하로만 흡수되는 것. 염소, 철, 망간, 붕소, 아연, 구리, 몰리브덴, 니켈.

식물의 필수 요소와 역할

종류		원소명(원소 기호)	주요 역할
물과 공기		수소(H)	물을 구성하면서 온갖 생리 작용에 관여한다. 탄수화물, 지방, 단백질 등 식물의 몸을 만드는 주요 원소.
		산소(O)	호흡에 꼭 필요하다. 탄수화물, 지방, 단백질 등 식물의 몸을 만드는 주요 원소.
		탄소(C)	광합성에 꼭 필요하다. 탄수화물, 지방, 단백질 등 식물의 몸을 만드는 주요 원소.
다량 원소	3요소	질소(N)	잎이나 줄기의 성장을 촉진해서 식물체를 크게 만든다. 엽비라고도 불린다.
		인(P)	핵단백질의 구성 성분이다. 꽃이나 열매가 잘 맺게 하며 품질을 높인다.
		칼륨(K)	줄기와 뿌리를 튼튼하게 하고 더위나 추위에 대한 내성과 병해충에 대한 저항성을 높인다. 근비라고도 한다.
	2차 요소	칼슘(Ca)	세포 조직을 강화하고 몸 전체를 튼튼하게 만든다.
		마그네슘(Mg)	인산의 흡수를 돕고 체내의 효소를 활성화한다. 엽록소의 성분이다. 고토라고도 한다.
		황(S)	뿌리 발달을 돕는다. 단백질 합성에 관여한다.
미량 원소		염소(Cl)	광합성 작용을 하는 효소에 관여하는 원소
		붕소(B)	뿌리나 새싹이 성장하고 꽃이 맺는 데 필요한 원소. 당분의 이행에 관여한다.
		철(Fe)	광합성에 필요한 원소
		망간(Mn)	광합성이나 비타민 합성에 필요한 원소
		아연(Zn)	식물이 자라는 속도에 영향을 주는 원소
		구리(Cu)	꽃, 열매를 맺고 성숙한 그루가 되는 데 필요한 원소
		몰리브덴(Mo)	질산 환원을 이행하는 효소 성분
		니켈(Ni)	요소(尿素)를 암모니아로 만드는 효소에 포함되는 원소

※ 필수 요소에 포함되지 않았지만 '규소'는 볏과의 생육에 중요하다.

비료의 3요소

비료로 주어야 할 필수 원소 중에서도 특히 작물에게 필요한 것이 질소(N), 인(P), 칼륨(K)입니다. 이를 '비료의 3요소'라고 하며 흙 속에서나 비료에서 쓸 때 인은 인산(P_2O_5), 칼륨은 보통 칼리(K_2O)라고 불립니다. 질소는 암모니아태 질소(NH_4-N)와 질산태 질소(NO_3-N)라는 두 가지 상태로 존재합니다.

질소는 모든 작물의 줄기와 잎의 생육에 빠질 수 없는 성분이고 '엽비'라 불리며 매우 중요합니다. 시판 배합 비료에서도 질소의 함유량이 구분 기준이 됩니다.

인산은 주로 꽃이나 열매를 잘 맺게 하는 작용을 하며 '화비' 또는 '실비'라고 불립니다. 특히 여름 채소인 토마토, 가지, 오이 등의 열매가 잘 맺게 하려면 빠질 수 없는 요소입니다.

칼리는 모든 작물의 뿌리 생육에 꼭 필요한 성분이며 '근비'라고 불립니다. 작물이 쓰러지지 않고 튼튼하게 자라기 위해 필요합니다.

세 요소 다음으로 필요한 요소는 칼슘, 마그네슘, 황입니다. 이를 '2차 다량 원소'라고 하는데, 3요소와 합쳐서 다량 원소로 분류합니다. 이 외의 나머지 원소들은 미량 원소로 흙 속에 어느 정도 포함되어 있으며 토양 개량을 위해 주는 퇴비로도 공급되기 때문에 보통은 비료로 줄 필요가 없습니다.

질소, 인산, 칼리의 3요소 말고 칼슘, 마그네슘도 아주 중요하다고!

3요소가 많이 필요한 식물 부위

질소

모든 작물의 생육에 필요한 성분으로 엽비라고 불리며, 주로 줄기잎을 자라게 한다. 부족하면 잎의 색이 옅어지고 잘 자라지 않는다.

인산

화비나 실비로 불리며, 주로 꽃이나 열매가 잘 열리도록 해준다. 부족하면 잎이 작아지고 꽃이나 과실이 잘 맺지 않는다.

마그네슘

인산의 흡수를 높이고, 인산을 옮기는 것을 돕는다. 부족하면 아랫잎이 잘 떨어진다. 엽록소의 구성 성분이다.

칼슘

뿌리 성장을 촉진하고 식물을 튼튼하게 만든다. 부족하면 배추나 양배추 등의 심이 썩고 토마토는 배꼽썩음이 일어난다.

칼리

근비라고 불리며 뿌리 성장에 빠질 수 없는 성분이다. 부족하면 그루의 저항력이 떨어져 잘 쓰러진다.

위 5가지를 합쳐서 비료의 5요소라고 해.

비료의 기본과 고르는 법

양분은 과부족이 없도록

부족한 양분 보충하기

108쪽의 표는 식물과 흙의 필수 요소를 비율로 나타낸 것입니다. 표의 오른쪽 끝에는 식물이 필요로 하는 양을 흙 속의 함유량으로 나눈 값을 적었습니다. 즉 값이 1 이상이면 식물이 필요로 하는 양이 흙 속의 함유량보다 많으므로 부족분을 비료로 주어야 한다는 뜻입니다. 또한 미량 원소에도 1을 넘는 것이 있는데, 소량이기 때문에 퇴비로 보충하면 충분합니다.

부족하면 이런 증상이 나타난다

필요로 하는 양이 많든 적든, 필수 요소가 부족하거나 너무 많으면 작물도 컨디션이 망가집니다. 흙을 눈으로 봐서는 알 수 없으니 작물을 잘 관찰해서 흙에 필요한 것을 판단해야 합니다. 성분별로 부족할 때 일어나는 주요 증상을 살펴보겠습니다.

● **질소 결핍**

전체적으로 성장이 나빠집니다. 잎 전체가 누르스름해지고 오래된 잎은 떨어집니다.

● **인산 결핍**

잎이 진한 녹색이 되며 잎꼭지가 불그스름해지거나 보랏빛을 띱니다. 전체적으로 윤기가 없어지고 아랫잎은 붉은 기가 돌며 말라 죽거나 잎이 떨어집니다.

● **칼륨 결핍**

생육 후기에 아랫잎 주변이나 끝부분이 노란색이나 갈색으로 변하고, 말라 죽거나 잎이 떨어집니다.

● **칼슘 결핍**

잎이나 뿌리 끝부분의 성장이 멈추고 잎 주변이 말라 죽습니다. 토마토의 배꼽썩음, 양배추, 배추, 양파 등의 끝마름이나 심부병, 오이와 멜론 등의 순멎음은 칼슘 결핍이 원인입니다.

● **마그네슘 결핍**

생장이 진행될수록 아랫잎의 잎맥 사이가 염주 형태로 누렇게 변하며, 심해지면 떨어집니다. 무, 토마토, 가지, 콩 등에 자주 나타납니다.

● **망간 결핍**

새로 난 잎의 잎맥 사이가 누렇게 변하고, 잎맥을 따라서는 녹색이 남는다는 특징이 있습니다. 이 현상은 오래된 잎에는 나타나지 않습니다.

● **철 결핍**

새로 난 잎의 잎맥 사이가 누렇게 변하고, 점점 잎 전체로 퍼집니다. 이 현상은 오래된 잎에는 나타나지 않습니다.

● 붕소 결핍

줄기 끝의 성장이 멈추고 중심이 거무스름하게 변하며 잎이나 잎꼭지가 연약해집니다. 무와 순무는 중심이 까맣게 썩습니다. 배추와 셀러리의 심부병도 붕소 결핍이 원인입니다.

붕소 결핍이 잘 나타나는 채소

무   순무

배추   오이

호박   토마토

흙 속의 필수 요소 함유량과 비율

(출처 : 다카하시 에이치)

	원소(요소)	식물 mg/kg	흙 mg/kg	식물/흙
다량원소	질소(N)	30,000	1,000	30
	인(P)	2,300	650	3.5
	칼륨(K)	14,000	14,000	1
	칼슘(Ca)	18,000	13,700	1.3
	마그네슘(Mg)	3,200	5,000	0.6 ※
	황(S)	3,400	700	4.9
미량원소	철(Fe)	140	38,000	0.004
	망간(Mn)	630	850	0.74
	구리(Cu)	14	20	0.7
	아연(Zn)	160	50	3.2
	붕소(B)	50	10	5
	몰리브덴(Mo)	1	2	0.5
	염소(Cl)	2,000	100	20
	니켈(Ni)	1	20	0.05

※ 마그네슘은 쓸려나가기 쉬우므로 비료로 보충하는 것이 좋다.

붕소 결핍이 일어나면 여러 피해가 생기니 주의하자!

미량 요소는 흙의 pH 변화에 따라서도 결핍이 일어납니다. 예를 들어 붕소는 산성 토양에서 물에 잘 녹고 알칼리성 토양에서는 잘 녹지 않습니다. 산성에서는 빗물에 휩쓸려 나가고 알칼리성에서는 물에 녹는 양이 적기 때문에 두 경우 모두 결핍증이 발생하기 쉽습니다.

양분이 지나쳐도 문제다

식물이 필요로 하는 것보다 더 많은 양분이 토양에 있으면 여러 가지 장애가 일어납니다. 예를 들어 질소를 너무 많이 주면 잎 전체가 청록색을 띠며 줄기나 잎은 연약해지고 병에 걸리기 쉬운 비실비실한 작물이 됩니다. 칼륨을 많이 주면 마그네슘의 흡수를 저해해서 결핍증이 생깁니다.

인산은 칼륨이나 질소와 비교하면 필요한 양이 적지만 비료로서 매우 중요합니다. 인산은 흙 속의 알루미늄이나 철과 결합해서 작물이 호흡하기 어려운 환경을 만듭니다. 무심코 필요 이상으로 주기 마련인데, 오랫동안 다량으로 계속 주면 흙 속에 쌓여서 심각한 인산 과다증이나 토양 병해의 원인이 됩니다.

양분의 균형이 중요하다

가정에서 원예를 할 때는 경비를 고려하지 않고 자칫 필요 이상으로 비료를 주기가 쉽습니다. 식사를 할 때 위의 80퍼센트만 채우는 것이 건강의 기본인 것처럼, 비료는 약간 적게 골고루 주는 것이 좋습니다.

보통 채소밭의 칼슘, 마그네슘, 칼륨의 비율이 9.8 : 2.7 : 1.0에 가까울 때 양분 흡수의 균형이 양호하게 유지된다고 합니다.(한국 농경지 토양 평균값) 요컨대, 한쪽이 너무 많아지면 다른 쪽의 흡수를 방해하기 때문에 양뿐만 아니라 균형 있게 비료를 주는 일도 중요하다는 뜻이지요.

비료의 분류 1
원료에 따른 분류

세 가지 비료 분류법

각 비료의 구체적인 특징을 살펴봅시다. 시중에서 파는 다양한 종류의 비료 중 무엇을 골라야 할지 고민이 됩니다. 분류 방법에는 여러 가지가 있지만, 크게 ① 원료에 따른 분류 ② 형태에 따른 분류 ③ 효과에 따른 분류가 있습니다.

무기질 비료와 유기질 비료

무기질 비료와 유기질 비료라는 말을 많이 듣습니다. 이 둘은 원료가 다릅니다. 무기질 비료는 공기나 광석 등의 천연물을 원료로 사용해 화학 처리를 하는 반면, 유기질 비료는 생선 찌꺼기, 쌀겨, 유박 등 동식물에서 유래한 성분으로 만듭니다.

무기질 비료의 대표적인 특징은 효과가 바로 나타난다는 것입니다. 비료를 주면 곧 흙 속의 물에 녹아 뿌리가 바로 흡수할 수 있는 형태가 되지요.

유기질 비료는 흙에 뿌려도 뿌리가 바로 흡수할 수 없습니다. 미생물이 분해한 다음에 비로소 뿌리에 흡수될 수 있는 형태가 되지요. 비료 효과가 천천히 나타나기 때문에 질소나 인산 부족 증상이 작물에 나타나고 나서야 부랴부랴 비료를 주어도 효과를 기대하기 어렵습니다.

그러나 유기질 비료에는 무기질 비료에 없는 큰 이점이 있습니다. 무기질 비료의 기능은 양분 공급에 한정됩니다. 이에 비해 유기질 비료는 미생물이 유기물을 분해함에 따라 떼알 구조가 형성되고, 미생물 다양성이 보존되는 등 다양한 기능을 합니다.

또한 무기질 비료와 유기질 비료는 들어 있는 비료 성분의 수에도 차이가 있습니다. 무기질 비료에 기본적으로 들어 있는 주요 비료 성분은 고작 하나 둘뿐입니다. 반면, 유기질 비료에는 비료 성분이 다양하게 포함되어 있습니다. 수분을 제외하면 탄소, 규소, 칼륨, 석회, 질소, 인산, 마그네슘, 망간 등이 들어 있지요. 최근에는 무기질 복합 비료에 미량 요소를 추가하기도 합니다.

무기질 비료의 특징은 단순성에 있으며, 유기질 비료는 다양성에 있다고 볼 수 있습니다. 각각 장점이 다르므로 둘을 잘 조합해서 쓰는 것이 가장 현실적인 방법입니다.

유기질 비료는 효과가 천천히 나타나며 오래간다

유기질 비료는 흙 속 미생물의 도움으로 단백질이 분해되어 아미노산을 거쳐 암모늄 이온이나 질산 이온으로 변환되면 질소 비료로서 효과를 발휘합니다.

천천히 효과가 나타나고 오래간다는 특징이 있기 때문에 퇴비와 마찬가지로 씨를 뿌리거나 모종을 심을 때는 2~3주 전에 미리 주고 흙 속에 잘 분해되어 스며들도록 해야 합니다.

유기질 비료

비료의 종류	성질	배합비	효과 발현 속도	유의점
유박	유기 재배의 기본이 되는 질소 비료	질소분 5~7% 인산 1~2% 칼리분 1~2%	완효성	주고 나서 작물을 심기까지 2~3주 소요된다.
초목회	속효성이 있는 칼륨, 인산, 석회 비료	인산 3~4% 칼리분 7~8% 석회분 11%	속효성	황산암모늄, 염화칼륨, 과인산석회와 병용하지 않는다. 직접 만든다면 화학 물질이나 금속류 등을 제거한다.
생선 찌꺼기	맛을 좋게 만드는 동물성 유기질 비료	질소분 7~8% 인산 5~6% 칼리분 1%	약간의 속효성	주고 나서 작물을 심기까지 2~3주가 필요하다. 새나 벌레의 피해를 입지 않도록 주의한다. 너무 많이 주지 않도록 한다. 칼리분은 거의 없다.
쌀겨	퇴비·발효 비료의 발효 재료로 최적	질소분 2~2.6% 인산 4~6% 칼리분 1~1.2%	완효성	주고 나서 작물을 심을 때까지 3주가 필요하다. 지방분이 많고 분해가 늦다. 해충이나 잡균의 둥지가 되지 않도록 잘 섞어 준다.
건조 계분	인산분이 많은 일반적인 복합 비료와 비슷한 효과를 낸다.	질소분 3% 인산 5~6% 칼리분 3% 석회분 9~14%	속효성	주고 나서 작물을 심기까지 3~4주가 필요하다. 수분을 흡수하면 악취가 난다.
발효 계분	인산분이 많은 일반적인 복합 비료와 비슷한 효과를 낸다.	질소분 4% 인산 7~9% 칼리분 2.5% 석회분 10~15%	속효성	주고 나서 작물을 심기까지 1주가 필요하다. 비료 성분이 많으므로 한 번에 너무 많이 주지 않도록 한다.

복합 비료와 단비

무기질 비료와 비슷한 말로 '복합 비료'가 있는데, 무기질 비료와 무엇이 다를까요? 한마디로 설명하자면, 복합 비료란 무기질 비료의 일종입니다. 비료의 3요소인 질소(N), 인산(P), 칼륨(K) 가운데 두 요소 이상을 제조하는 과정에서 화학적으로 결합시킨 것이지요. 만약 비료 포대에 8-8-8이라는 표시가 되어 있다면, N·P·K 순서로 각각 8퍼센트씩 포함되어 있다는 뜻입니다.

3요소의 성분 균형이 이처럼 일정한 것을 수평형이라고 부르는데, 그 밖에도 5-8-5 등 인산이 많은 산형, 반대로 10-2-8처럼 인산이 적은 계곡형이 있습니다.

한편, 무기질 비료 중 3요소 가운데 성분이 하나밖에 없는 비료를 단비라고 합니다. 예를 들어 질소 비료는 황산암모늄이나 염화암모늄, 인산 비료라면 용성인비나 과인산석회, 칼리 비료라면 황산칼륨이나 염화칼륨 등이 있습니다.

또한 단비를 여러 개 섞어서 만든 비료를 배합 비료라고 합니다. 단비만 섞은 '단비 배합', 유기질 비료를 섞어서 무기질 비료와 유기질 비료의 특징을 같이 지닌 '유기 배합' 등이 있습니다. 뒷장에 주요 무기질 비료를 한눈에 볼 수 있게 정리한 표가 있으니 참고하세요.

성분의 수나 종류에 따라 여러 가지가 있구나!

용성인비는 구용성 무기질 비료

무기질 비료의 대부분은 흙 속에 들어가면 바로 물에 녹아 재빨리 식물에 흡수되지만, 용성인비는 물이 아니라 구연산에 녹는다. 이러한 무기질 비료를 '구용성 무기질 비료'라고 한다. 식물은 뿌리에서 근산을 분비하는데, 이때 비료를 녹여 무기 이온으로 바꾼 뒤 흡수한다.

무기질 비료 (단비)

비료의 종류		주성분의 최소량	효과 발현 속도	유의점
질소 비료	황산 암모늄	암모니아태 질소 20%	속효성	• 주면 산성이 된다. • 비효 기간은 1개월 정도이다.
	염화 암모늄	암모니아태 질소 25%	속효성	• 주면 산성이 된다. • 물에 잘 녹는다. • 조금씩 주지 않으면 염류 집적을 일으킨다. • 감자류에는 적합하지 않다.
	질산 암모늄	암모니아태 16% 질소 질산태 질소 16%	속효성	• 흙에 흡착되지 않고 잘 쓸려 내려간다. • 잎에 뿌리면 잎이 타버린다.
	요소	질소 전량 45%	속효성	• 중성이다. • 뿌리가 약할 때는 액체 비료를 잎면에 뿌리는 것이 효과적이다. • 액체 비료를 웃거름으로 주는 것도 효과적이지만 너무 많이 주지 않도록 주의한다.
	석회 질소	질소 전량 19%	완효성	• 독성이 있으므로 주의한다. • 비료를 줄 때는 숨으로 흡입하지 않도록 반드시 마스크를 착용한다.
인산 비료	용성 인비	인산(구용성) 17% 고토(구용성) 12% 규산 20% 알칼리분 40%	완효성	• 황산암모늄이나 염화암모늄 등 산성 비료에 닿으면 녹는다. • 천천히 효과가 나타나며 오래간다. • 산성토나 흑복토의 흙 만들기에 적합하다.
	과인산석회 (과석)	가용성 인산 16% (수용성 인산 13%)	속효성	• 물에 잘 녹으므로 단기 작물에 좋다. • 장기 작물에는 용성인비와 섞어서(거의 같은 비율로)쓰면 좋다.
칼리 비료	황산 칼륨	칼리분(수용성) 45%	속효성	• 흙을 산성으로 만든다. • 웃거름으로 쓰기에 편리하다. • 감자, 고구마에 적합하다.
	염화 칼륨	칼리분(수용성) 60%	속효성	• 흙을 산성으로 만든다. • 흡습성이 강해서 잎에 붙으면 잎타기를 일으킨다. • 감자류에 쓰면 섬유질이 많아져 적합하지 않다.

복합 비료

비료의 종류		정의	주성분의 최소량(%)	
제1종 복합 비료		질소, 인산, 칼륨 즉 3요소 성분 중 2종 이상이 함유된 비료로 화학 과정을 거쳐 제조함.	① 질소 전량, 가용성 인산, 수용성 칼리 중 2종 이상 합계량 : 20	
			② 다음 각 성분을 보증하고자 할 경우	• 수용성 / 구용성 고토 : 1.0 • 수용성 / 구용성 붕소 : 0.05 • 수용성 / 구용성 망간 : 0.1
제2종 복합 비료		질소질 비료, 인산질 비료, 칼리질 비료, 제1종 복합 비료 중 2종 이상을 배합하여 제조함.	① 질소 전량, 가용성 인산 또는 구용성 인산, 수용성 칼리 또는 구용성 칼리중 2종 이상 합계량 : 20	
			② 다음 각 성분을 보증하고자 할 경우	• 수용성 / 구용성 고토 : 1.0 • 수용성 / 구용성 붕소 : 0.05 • 수용성 / 구용성 망간 : 0.1 • 가용성 석회 : 10 • 가용성 규산 : 5
제3종 복합 비료		제2종 복합 비료와 유기물을 배합하여 제조함.	① 질소 전량, 인산 전량, 칼리 전량 중 2종 이상의 합계량 : 12	
			② 유기물 : 10	
			③ 다음 각 성분을 보증하고자 할 경우	• 수용성 / 구용성 고토 : 1.0 • 수용성 / 구용성 붕소 : 0.05 • 수용성 / 구용성 망간 : 0.1
제4종 복합 비료	엽면 시비용	식물의 잎에 사용하도록 제조함.	① 질소 전량, 수용성 인산, 수용성 칼리 중 2종 이상의 합계량이 10% 이상이고 성분별 보증 성분 함량은 1.0% 이상이어야 함.	• 수용성 고토 : 1.0 • 수용성 몰리브덴 : 0.0005 • 수용성 망간 : 0.1 • 수용성 붕소 : 0.05 • 수용성 아연 : 0.05 • 수용성 철 : 0.1 • 수용성 구리 : 0.05 • 수용성 석회 : 1.0
	양액·관주용	물에 희석하여 양액이나 관주용으로 사용할 수 있게 제조함.	① 질소 전량, 수용성 인산, 수용성 칼리 중 2종 이상의 합계량이 10% 이상이고 성분별 보증 성분 함량은 1.0% 이상이어야 함.	
			② 고토, 망간, 붕소, 철, 몰리브덴, 아연, 구리, 석회 중 5종 이상을 수용성으로 보증.	
	화초용	원액 그대로 사용할 수 있도록 액상으로 제조함.	① 질소 전량, 수용성 인산, 수용성 칼리 중 2종 이상의 합계량이 0.2% 이하이고 성분별 보증 성분 함량은 0.1% 이하이어야 함.	
			② 다음 성분별 함량을 2종 이상 보증하여야 함.	• 수용성 고토 : 0.01 • 수용성 철 : 0.01 • 수용성 망간 : 0.001 • 수용성 아연 : 0.001 • 수용성 붕소 : 0.001 • 수용성 구리 : 0.001

비료의 분류 2
형태에 따른 분류

고형 비료와 액체 비료

비료가 고형인지 액체인지에 따라서도 분류할 수 있습니다. 무기질 비료든 유기질 비료든 대부분은 고형 비료로 대립, 중립, 소립, 분말 등 입자 크기에 따라 여러 종류가 있습니다.

액체 상태로 이용하는 비료를 액체 비료(액비)라고 부릅니다. 원액이나 분말 상태로 된 것을 물에 희석하거나 시판되는 것을 그대로 사용하기도 합니다. 일반적으로는 무기질 비료를 원료로 만드는데, 유기질 재료를 사용한 상품도 판매합니다.

또한 액체 비료의 일종으로 비료 성분을 뿌리가 아닌 잎에서 흡수하게 하는 엽면 살포제도 있습니다. 비료 성분을 흡수하거나 이행할 때, 물질에 따라 차이는 있지만 질소나 미량 원소 등은 뿌리보다 엽면에서 흡수가 더 잘되므로 부족한 성분을 보충하는 수단으로 효과적입니다.

형태에 따라 효과가 다르다

고형 비료는 흙 속에서 녹기까지 시간이 걸리므로 염류 집적이 일어나기 어렵고, 비료 결핍도 잘 일어나지 않는다는 특징이 있습니다. 효과가 나타나는 속도는 느리지만 장기간 지속되기 때문에 밑거름은 물론이고 웃거름으로도 사용할 수 있습니다.

고형 비료는 알갱이가 클수록 비료 효과가 늦게 나타나고 비효 기간은 길어집니다. 반대로 알갱이가 작을수록 비료 효과가 빨리 나타나지만 비효 기간은 짧아집니다.

액비는 속효성이 있지만, 액체인 탓에 흙에서 바로 쓸려나갑니다. 비료 결핍이 일어나기 쉬워 밑거름으로는 어울리지 않지만, 물을 같이 주면서 웃거름으로 쓰기에는 편리합니다.

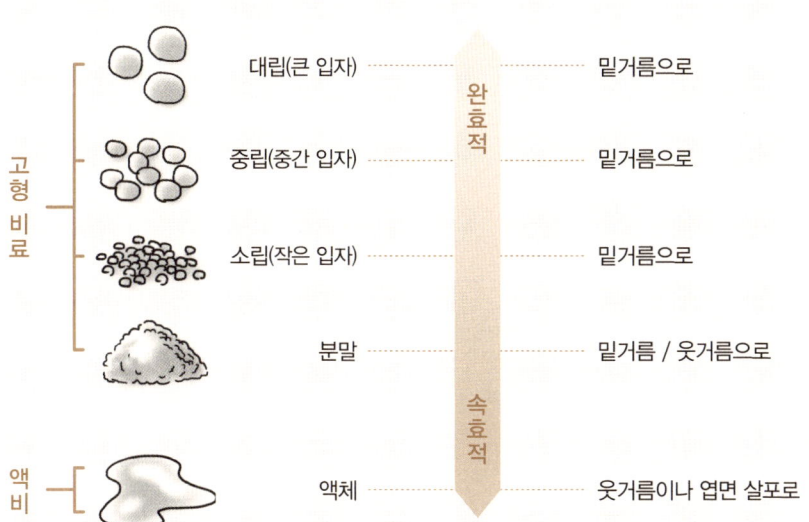

알갱이 크기에 따라 효과 발현 속도가 다르다

비료의 분류 3
효과에 따른 분류

속효성 비료 사용법

비료 효과가 나타나는 속도에 따라 '속효성 비료' '완효성 비료' '지효성 비료'로 분류할 수 있습니다.

속효성 비료에는 질산암모늄, 염화암모늄, 요소 등의 단비나 복합 비료가 있습니다. 이들 무기질 비료는 효과가 바로 나타나고 바로 끝난다는 것이 특징입니다.

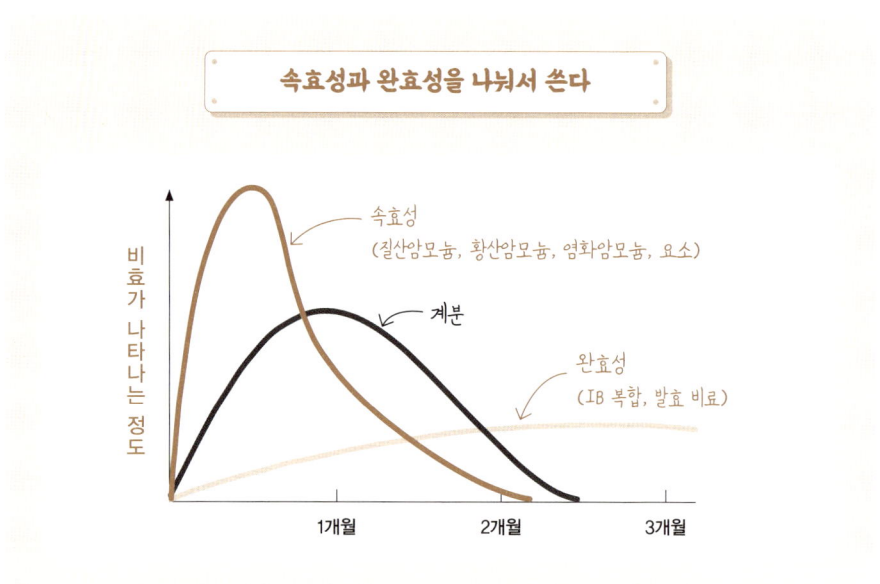

밑거름과 웃거름으로 모두 사용할 수 있지만 한 번에 많이 주면 염류 집적을 일으키기 쉽고, 흙 속에 남은 비료 성분이 흘러나가 무용지물이 되므로 그때그때 적절한 양을 주도록 합니다.

완효성 비료 사용법

완효성 비료는 조금씩 녹아 나오기 때문에 비료 농도를 급격히 높이지 않고 서서히 효과가 나타나길 기다립니다. 그 기간은 종류에 따라 다양하지만, 대략 1~2개월입니다. 따라서 작물의 생육 기간과 맞는 완효성 비료를 밑거름으로 사용하면, 웃거름이 없어도 비료 결핍이나 염류 집적 없이 작물을 기를 수 있습니다. 웃거름을 주지 않고 밑거름만 주면 작물에게 필요한 영양 성분을 필요한 시기에 맞춰 공급해줄 수 있다는 보장이 없습니다. 기후나 관수에 따라서 비료 성분이 녹아 나오는 시기가 다르기 때문입니다. 필요하지 않을 때 효과가 나타날 수 있고, 특히 생육 초기에는 효과가 잘 나타나지 않아서 부족해지기 쉽습니다.

이를 방지하기 위해 완효성 비료는 밑거름을 기본 비료로 해서 필요량의 50~70퍼센트 정도를 먼저 주고, 속효성이 있는 복합 비료를 보충하거나 생육 상태를 봐서 비료 성분의 부족분은 복합 비료나 액비로 웃거름을 주는 방법이 무난합니다. 또한 작물을 심기 2~3주 전에 주면 효과가 빨리 나타납니다.

	속효성	완효성
비효	바로 나타나고, 바로 끝난다.	바로 나타나지 않지만 오래간다.
적합한 흙	양토	양토~모래흙
밑거름·웃거름	밑거름·웃거름	밑거름(전부 밑거름이어도 괜찮다.)
주의사항	한 번에 많이 주면 염류 집적을 일으키기 쉬우며 쓸려나간다.	속효성이 있는 비료와 조합하지 않으면 초기 생장이 나빠진다.

지효성 비료 사용법

유기질 비료의 대부분이 지효성 비료 종류입니다. 흙 속의 미생물이 유기물을 분해해야 효과가 나타나기 때문이지요.

흙의 온도에 따라 효과가 나타나는 시기가 달라집니다. 25℃ 이상에서는 완효성 비료와 비슷한 효과를 나타내지만, 10℃ 이하에서는 효과가 늦게 나타나기 때문에 과일나무나 정원수처럼 겨울에 생육이 잠시 멈추는 작물의 겨울 비료나 감사 비료로 온도가 낮은 시기에 사용합니다.

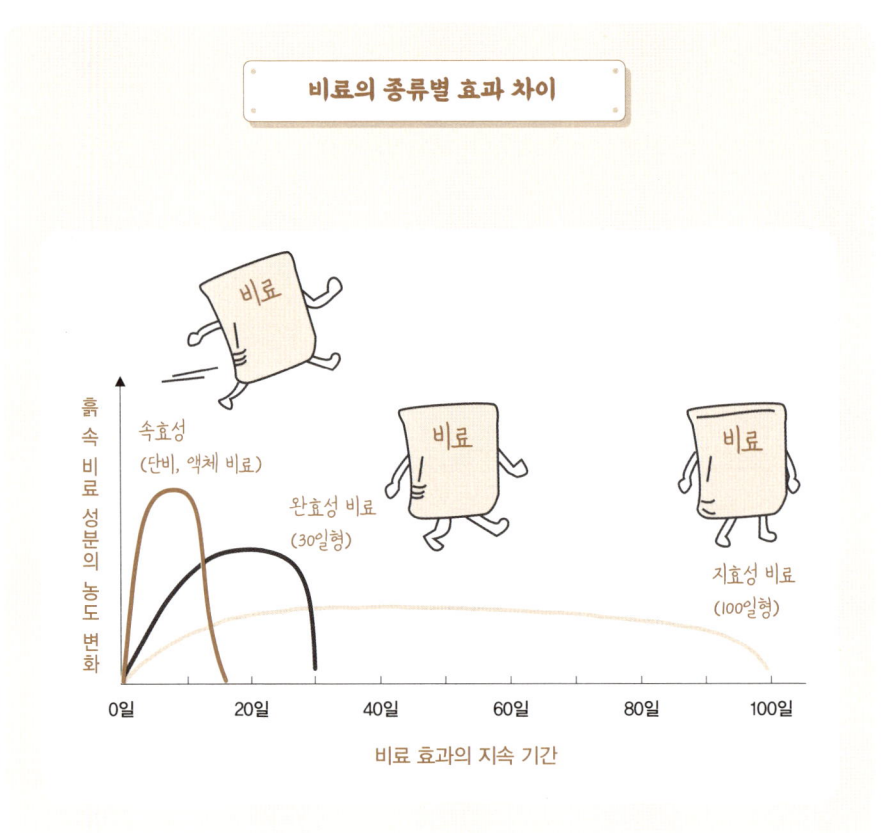

비료 성분에 따라 달라지는 비효 속도

원래 유기질 비료는 대부분 지효성이나 완효성이고, 무기질 비료는 속효성입니다. 그러나 최근에는 무기질 비료라도 천천히 효과가 나타나는 'IB 복합' 등, 완효성으로 가공된 비료가 많이 나와 있습니다. 유기질 비료 중에서도 발효 유박이나 발효 비료 등 속효성을 띤 비료가 있습니다.

또한 유기질 비료와 무기질 비료를 섞은 배합 비료도 종류가 많으니 섞여 있는 비료와 함량을 반드시 확인하세요.

비료 포대로 비효 속도 보는 법

비료의 종류, 성분 함량, 업체 이름, 생산 날짜 등을 비료 포대에 기재하는 것이 법률로 지정되어 있습니다. 성분 함량 '15-15-15-0-0'라고 표기되어 있으면 질소, 인산, 칼륨이 각각 15퍼센트 들어 있다는 뜻이므로 한 포대가 20kg이라면 3요소는 각각 3kg 들어 있다는 뜻입니다.

N·P·K·Mg·B
15·15·15·0·0

속효성
효과가 나타나는 속도가 표시된 경우도 있다.

라벨
'생산업자 보증표', '판매업자 보증표' 등이 표시되어 있다. 약간 전문적인 지식이 더 있으면 비료 성분을 보다 자세히 알 수 있다.

비료 한눈에 보기

많다

성분 요소 수

적다

느리다 ← 채소에 효과가 나타나는 속도

발효 비료·발효 유기질 비료
- 바로 효과가 나타나며 약 1개월 동안 간다. 밑거름과 웃거름으로 모두 쓸 수 있다.
- 유기질이 원료이므로 많은 원소를 보급하는 데 도움이 된다.

유박, 계분, 쌀겨 등 다양한 유기물을 섞은 뒤 발효해서 비효 속도를 늦춘 것. 비료 3요소를 골고루 포함하며 미량 원소도 풍부하다. 유기물이 토양질 개선에도 도움을 주며 땅심을 길러준다.

완효성 복합 유기 배합 비료
- 바로 효과가 나타나며 오랫동안 간다.
- 3요소만 있는 것부터 미량 원소, 부식 등을 포함하는 것까지 다양하다.

알갱이나 알약 모양이다. 표면을 코팅해서 비료분이 조금씩 녹아 나오도록 조절한 것으로, 효과가 바로 있고 오래간다. 미생물로 분해되는 것도 있다. 밑거름으로 쓰면 웃거름을 주는 수고도 덜 수 있다. 3요소가 골고루 들어 있으며 2차 요소, 미량 원소가 첨가된 것도 많다.

유기질 비료(단일 원료인 것)
- 매우 천천히 효과가 나타나므로 밑거름에 알맞다.

유채 기름을 짜낸 찌꺼기, 생선 건조 분말 등 동식물로 만든 유기물. 질소, 인산분이 많다. 땅에 준 뒤 미생물이 분해해야 식물이 흡수할 수 있으므로 밑거름으로 쓴다. 발효, 분해되는 중에는 열이나 가스 등이 나와서 채소에 악영향을 미치기 때문에 적어도 씨를 뿌리거나 모종을 심기 2주 전에는 뿌려야 한다.

과인산석회 수용성 인산이 주성분
인광석에 황산을 반응시켜 제조한 것. 과석이라고 줄여 말하기도 한다. 수용성 인산을 많이 포함하며 속효성이 있다. 밑거름과 웃거름으로 모두 쓸 수 있다.

용성인비 구용성 인산이 주성분
들어 있는 인산의 대부분이 물에 녹기 어려운 유형으로 속효성이 없다. 칼슘이나 마그네슘 등도 들어 있다.

석회질소 비료와 약제 효과를 겸비
질소와 칼슘 등이 들어 있다. 비료와 토양 소독제로서 효과가 있다. 시비를 한 직후에는 독성이 있는 물질이 발생하므로 풀고 나서 7~10일 정도 기간을 둔 후에 작물을 심는다. 부숙을 촉진하는 효과도 있다.

복합 비료(일반적인 것)
- 바로 효과가 나타나며 약 1개월은 간다. 밑거름과 웃거름으로 둘 다 사용할 수 있다.

알갱이 형태인 것이 많고 3요소가 골고루 포함되어 있지만, 인산을 포함하지 않는 'NK 복합'도 있다. 또한 질소분이 갑자기 녹아 나오지 않도록 하는 물질을 배합한 'IB 복합'도 있고 마그네슘이나 붕소가 추가된 것도 있다. 3요소의 합계가 30퍼센트 이상인 것을 '고도 복합', 그 이하인 것을 '보통 복합(저도 복합)'이라고 한다. 가정에서 쓸 때는 어느 정도 많이 주어도 장해가 잘 생기지 않는 보통 복합을 쓰면 좋다.

액체 비료
- 효과는 바로 나타나지만 오래가지 않아 웃거름 전용이다.

액체 혹은 분말 형태이며 물에 희석하거나 녹여서 사용한다. 일반적으로는 무기질로 만들어진 액상 복합 비료이지만, 100% 유기질로 만든 것도 있다. 빠르게 흡수되어 효과가 나타나는데, 길게 지속되지는 않아서 7~10일 정도 간다. 물을 같이 주면서 웃거름으로 쓰기에 좋다.

초목회(재) 칼륨이 풍부하고 인산도 들어 있다

풀이나 나무를 태운 재. 수용성 칼륨이 많고 속효성이 있다. 산성 토양을 개량하는 효과도 있지만, 너무 많이 주면 토양이 알칼리화되므로 주의해야 한다.

※ 초목회와 소성골분은 현재 농가에서 거의 사용하지 않는다.

소성골분   인산이 매우 많다

돼지나 닭의 뼈를 1,000℃ 이상으로 태워 만든 것. 인산이 주성분이므로 다른 비료와 합쳐서 쓸 때가 많다.

엽면 살포제
- 뿌리가 아니라 잎으로 흡수하므로 속효성이 매우 강하다.
- 단비부터 함유 요소가 많은 것까지 있다.

액체 비료의 일종으로 물로 희석해서 엽면에 뿌린 다음 흡수시킨다. 비료가 흡수 및 이행되는 양상은 물질에 따라 다르지만 질소(요소), 미량 원소, 아미노산 등은 뿌리보다 엽면에서 더 잘 흡수하기 때문에 보조 수단으로서 효과가 좋다.

단비
- 바로 효과가 나타나며 약 1개월 동안 간다. 밑거름과 웃거름으로 모두 쓸 수 있다.
- 한 가지 요소만 들어 있으므로 다른 성분의 비료와 조합해서 쓴다.

무기질이며 속효성이다. 각각의 단비를 조합해서 밑거름이나 웃거름의 양을 정하면 버리는 일 없이 알뜰하게 비료 설계를 할 수 있다. 황산암모늄과 요소는 질소 비료, 황산칼륨은 칼리 비료다.

빠르다

비료의 기본과 고르는 법

비료 잘 고르기

편견에서 벗어나 골고루

힘들게 직접 채소를 기르는데 안전하고 안심할 수 있는 유기 재배를 하고 싶다며 무기질 비료는 절대 쓰지 않겠다는 사람들이 종종 보입니다. 하지만 무기질 비료를 '악'이라고 생각하는 것은 근본적으로 잘못됐습니다.

무기질 비료는 화학 공장에서 만들지만, 원료는 모두 천연입니다. 예를 들어 질소 비료는 대기 중에 들어 있는 질소 가스, 인산 비료는 인광석, 칼리 비료는 암염으로 만듭니다. 지구 공기의 약 70퍼센트는 질소이지만, 식물은 공기 중의 질소를 그대로 이용할 수 없습니다. 인광석 속에 있는 인산도 대부분 효능이 없습니다. 그래서 화학 처리를 통해 비료 효과를 높인 것이 무기질 비료입니다. 필요 이상으로 많이 주면 작물에도 환경에도 악영향을 미치지만, 작물의 맛이나 수확량을 높인다는 이점이 훨씬 더 큽니다.

한편 유기질 비료는 동식물로 만들었기 때문에 친환경이라고 생각하기 쉬운데, 반드시 그렇다고 할 수 없을 때도 있습니다.

해외에서 수입된 원료로 만들어진 유기질 비료를 밭에 주었다면 외국의 양분을 국내로 갖고 온 셈이 되므로 반드시 환경에 좋다고는 할 수 없습니다. 게다가 유기질 비료 대부분에는 흙에서 잘 빠져나가지 않는 인산이 많이 포함되어 있기 때문에 계속 사용하면 인산 과다가 되고 맙니다. 오히려 무기질 비료인 요소 등을 필요한 만큼 주는 편이 환경에 끼치는 영향이 적습니다.

무기질 비료와 유기질 비료는 각각 특징이 있으니 편견을 버리고 효과적으로 나눠 쓰는 것이 좋습니다.

단비 잘 활용하기

비료는 흙의 보비력에 맞춰 작물이 필요로 하는 양만큼 주는 것이 철칙입니다. 초보자들에게는 질소, 인산, 칼륨을 골고루 포함한 복합 비료가 쓰기 편할 테지만, 흙의 상태나 기르는 작물에 따라 필요한 비료 성분이 달라집니다.

그래서 언젠가 능숙하게 잘 쓰고 싶은 것이 단비입니다. 단비는 비료 성분이 하나밖에 들어 있지 않기 때문에 작물에게 어떤 요소가 필요한지 그때그때 생각해야 합니다. 반대로 생각하면 필요한 양을 필요한 만큼만 줄 수 있다는 뜻이기도 하지요. 단비를 잘 활용해서 비료 주기의 고수가 되어보세요.

COLUMN

비료 구입법과 보존법

비료는 필요한 만큼 구입하고 1년 안에 사용한다

봄가을에 재배하는 일반적인 채소는
10m²당 200~500g의 질소분이 필요하다.

황산암모늄
N=21%
2.5kg

보통 복합
N P K
8-8-8
7.0kg

1년에 필요한 양은 이것으로 충분하다

구입하면 포대에 날짜를 써놓고 오래된 것부터 쓰도록 해!

비료는 잘 밀폐해 서늘한 곳에서 보관한다

습기를 빨아들이기 쉬운 질산암모늄,
염화암모늄, 염화칼륨, 과석 등(잘 굳음)

고온에서 탈질이 일어나는 황산암모늄과 같은 암모니아계 비료

고온일 때는 암모니아가 빠져나간다

○
비닐봉지나 폴리에틸렌 자루에 넣고 완전하게 밀폐한다

×
덕지 덕지

종이봉투는 피한다

쥐에게 먹히는 유기질 비료
(유박, 쌀겨, 생선가루)

쥐를 막자! 벌레를 막자! 부패를 막자!

제6장
비료 사용법

비료 주기는 작물의 수확량뿐만 아니라 채소의 맛과 꽃의 모양을 좌우하는 중요한 작업입니다. 비료를 잘못 사용하면 작물 생장뿐 아니라 환경에도 악영향을 미치고 말지요. 비료 주기의 기본은 필요할 때 필요한 양만큼 주는 것입니다. 한 단계 수준 높은 가정 원예를 목표로 이번 장에서 제대로 배워봅시다.

기본적인 사용법

적정 비료 사용량을 지키자

비료는 사용법에 따라 독이나 약이 될 수 있습니다. 가정에서는 재배 면적이 작기 때문에 비료를 많이 주는 경향이 있습니다. 과잉 비료 사용은 작물에게 악영향을 미칠 뿐 아니라, 물에 잘 쓸려 내려가는 질소가 지하수를 오염시키기도 합니다.

제2장에서 배운 흙의 건강 진단을 통해 흙의 상태를 파악한 후에 제대로 흙을 만들어야 합니다. 흙의 보비력은 높이고 양분의 균형은 고르게 합니다. 작물마다 필요한 양이 정해져 있으니 적정 비료 사용량을 꼭 지킵시다.

같은 비료라도 가루 형태, 알맹이 크기에 따라 비료를 주는 양이 달라집니다. 한 번에 줄 수 있는 양이 어느 정도인지를 몸으로 익힐 수 있게 한 줌의 양을 직접 계량해보면 좋습니다. 무기질 비료의 한 줌은 50~60그램 정도입니다.

비료를 주기 전에 흙 만들기부터

무기질 비료를 중심으로 주면 효율이 좋지만, 흙이 제대로 만들어져 있지 않으면 작물을 기르기 점점 어려운 흙이 될 수 있다. 따라서 미생물이 늘어나도록 매년 퇴비를 반드시 주어야 한다. 가축분 퇴비나 음식물 쓰레기 퇴비를 주었을 때는 밑거름의 양을 일단 적게 주고 나서, 자라는 상황을 지켜본 뒤에 웃거름을 주도록 한다.

비료 사용의 기본

비료 사용의 기본은 밑거름과 웃거름을 나누는 것입니다. 흙의 보비력은 정해져 있기 때문에 그 범위 안에서 제공량을 파악한 뒤 양분의 소비 속도에 따라 부족한 양을 적절히 보충해주는 것이지요.

유기질 비료는 종류마다 성분이 다르므로 무기질 비료 사용법부터 배워봅시다. 흙 만들기가 끝나면 인산은 필요한 양의 전부를 밑거름으로 줍니다. 질소와 칼륨은 생육 기간이 2개월 이상 걸리는 작물이라면 밑거름으로 절반을 주고 나머지 절반은 1개월 간격으로 1~3회에 나누어 웃거름으로 주는 것이 기본입니다.

● **복합 비료 사용법**

복합 비료는 성분 균형이 좋고 사용이 편리합니다. 복합 비료를 쓸 때는 밑거름인 질소분을 기준으로 양을 계산하고, 인산분이 부족하다면 과인산석회(과석)로 보충합니다.

질소는 작물마다 필요한 양이 다르지만 대체로 1제곱미터당 10~15그램이 표준이므로 10그램 정도는 밑거름으로 주고 나머지는 한 번에 5그램씩 웃거름으로 주면 좋습니다. 또한 웃거름은 인산분이 필요 없으니 3요소가 들어간 복합 비료보다 질소와 칼륨만으로 이루어진 NK 복합이 효율적입니다.

● **단비 사용법**

황산암모늄, 황산칼륨 등의 단비를 쓸 때는 각각 양을 계산해서 혼합해 사용합니다. 3요소의 성분량을 스스로 계산해야 하지만, 웃거름을 줄 때 작물 상태에 맞춰 부족한 양을 비료의 낭비 없이 줄 수 있다는 이점이 있습니다.

생육 기간이 1개월 정도라면 밑거름만 줘도 충분하다

작물에 따른 비료량의 차이

맛있는 채소는 '질소를 야금야금'

작물이 순조롭게 자라나려면 질소, 인산, 칼륨이라는 3요소가 반드시 필요합니다. 그중에서도 채소의 맛과 특히 관계가 깊은 것은 질소입니다.

유기 재배한 채소가 맛있고 무기질 비료를 사용하면 맛이 없다는 생각을 하는 분들이 많은데, 어느 재배법으로 기르든 맛있고 영양가가 높은 채소를 기르려면 작물이 질소를 야금야금 흡수하며 천천히 자라게 하면 됩니다.

물론 유기질 비료는 지효성이므로 채소를 맛있게 기르기에 적합한 비료지만, 과도하게 주면 양분 균형이 무너집니다. 또한 유기질 비료로 밑거름을 주었는데 질소량이 부족해지는 때가 오면 속효성 비료로 보충합니다.

꽃도 마찬가지입니다. 예쁜 꽃을 피우고 싶다면 화비나 실비라 불리는 인산이 꽃을 피우는 시기에 꼭 필요합니다. 작물 성장에 맞춰 비료의 종류와 양을 따져보도록 합시다.

비료 효과 보는 법

기본 사용량을 바탕으로 하되 잎채소는 질소, 뿌리채소는 칼륨, 과채나 꽃은 인산을 많이 넣는 등 작물에 따라 비료 성분의 균형을 맞춥니다.

또한 비료 성분의 균형을 따질 때 채소의 생육 기간도 함께 고려한 뒤 비료를 줍시다.

● 생육 초기에 시비를 해야 하는 유형

초기에 생육이 왕성한 작물이라면 밑거름이 중심입니다. 생육 기간이 긴 작물에는 적당량의 웃거름을 추가합니다.

순무, 양상추, 시금치, 양파, 배추 등이 이 유형에 속합니다.

● 주기적으로 웃거름을 줘야 하는 유형

여름 채소인 토마토나 가지 같은 과채류는 생육 기간 내내 웃거름이 필요합니다. 웃거름은 조금씩 잦은 횟수로 줍니다.

그 밖에 피망, 파, 셀러리, 실파 등이 이 유형에 속합니다.

● 생육 후기에 웃거름을 줘야 하는 유형

초기 성장이 더딘 작물이나 잘 열리지 않는 채소에는 밑거름을 적게 주고, 생육 중기부터 후기에 걸쳐 웃거름으로 조절합니다.

딸기, 브로콜리, 호박, 무, 우엉 등이 이 유형에 속합니다.

생육 기간이 2개월을 넘는 작물에는 밑거름으로 절반, 웃거름으로 절반 주는 것이 기본이야!

비료량 정하기

재배를 할 때는 비료를 너무 많이 주지 않기 위해 각 요소별로 구체적인 양을 염두에 두고 있어야 합니다.

각 지역마다 기후나 토양 조건에 맞춰 주요 작물마다 비료를 주는 양이나 시기가 따로 정해져 있습니다. 기본적으로는 그 기준을 따라 주면 적절한 양을 지킬 수 있습니다. 예시로 아래의 표를 참고해보세요.

주요 작물 1㎡당 비료량 기준

(출처 : 농촌진흥청, 평균적인 표준 사용량, 밑거름 기준)

		잎채소류			뿌리채소류		과채류		
종류		배추	양상추	치커리	무	당근	토마토	오이	콩
성분량	질소 (N)	11g	3.4g	5.2g	8.4g	6.0g	13.6g	11.2g	3.0g
	인산 (P_2O_5)	7.8g	3.0g	3.0g	5.1g	9.6g	16.4g	16.4g	3.0g
	칼륨 (K_2O)	11g	2.9g	6.5g	4.1g	7.9g	7.9g	15.9g	3.2g

작물별 알맞은 비료 성분비

수평형

질소, 인산, 칼륨을 골고루 준다. 밑거름으로 사용하면 좋다.

산형

인산을 넉넉하게 준다. 과채, 뿌리채소, 꽃 등을 키울 때 적용된다.

계곡형

인산을 적게 준다. 단기간에 자라는 잎채소에 적합하다. 웃거름을 줄 때 좋은 유형이다.

생육 시기별 필요 성분

작물은 생육 기간에 따라 각기 다른 양분이 필요합니다. 줄기나 잎이 자라는 시기에는 질소, 꽃이나 열매를 맺을 시기에는 인산, 뿌리채소가 자라는 시기에는 칼륨을 흡수합니다. 각 시기에 적절한 양분을 흡수할 수 있도록 주의해서 비료를 주어야 합니다.

작물의 생육 기간과 양분 흡수 비율

● 작물의 생육 기간

영양 성장 ↔ 생식 성장

1개월	2개월	3개월	4개월
발아 / 줄기잎이 뻗는다.	꽃이 핀다.	뿌리가 두꺼워진다. (뿌리채소)	열매가 익는다.

● 세 가지 비료 성분의 흡수비

N 질소   P 인산   K 칼륨

분류	작물	흡수비	특징
잎채소	시금치, 소송채	N P K	줄기잎 중심
잎채소	브로콜리, 콜리플라워	N P K	꽃봉오리를 만든다.
뿌리채소	우엉, 무, 고구마, 감자	N P K	뿌리가 두꺼워진다.
과채, 꽃	토마토, 오이, 가지, 수박, 꽃	N P K	열매를 맺는다.

계절에 따른 비료량의 차이

봄과 가을에는 넉넉하게

필요한 비료의 양은 계절과 지역마다 나타나는 기온 차이에 따라 달라집니다. 흙 온도에 따라서도 비료량이 달라집니다. 작물이 자라는 모습을 잘 관찰해서 웃거름을 줄 시기를 놓치지 않도록 합시다. 잎의 색이 진하고 줄기잎이 튼튼할 때는 웃거름을 주지 않아도 괜찮습니다. 기후가 따뜻해 잘 자라는 봄이나 가을에 넉넉하게 줍니다.

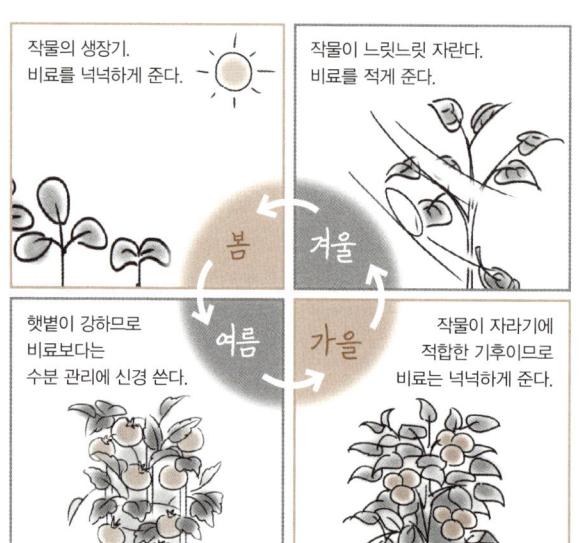

계절 차이나 지역마다 나타나는 기온 차이에 따라 비료를 주는 양이 달라져.

● **이른 봄~초여름**

작물이 가장 잘 자라는 계절입니다. 기온이 온화해 미생물의 활동도 활발합니다. 비도 많이 내려 작물이 쑥쑥 자라므로 비료를 빨리 흡수할 수 있습니다. 비료를 넉넉히 줍시다.

● **초여름~한여름**

햇볕이 강하고 일조 시간이 길기 때문에 수분이 부족해지기 쉽고 작물도 지칩니다. 잎이 시들어 있다면 비료보다 물을 원하는 경우가 많으니 주의해야 합니다. 비료는 조금만 줍시다.

● **초가을~가을**

기온도 햇볕도 적당해서 생장하기 좋은 계절입니다. 가을비나 태풍 등이 찾아오는 시기인데, 큰비가 내린 후에는 비료가 쓸려 내려가기 쉬우므로 적절한 시기에 웃거름을 줍시다. 비료는 넉넉하게 줍니다.

● **겨울~초봄**

기온과 땅의 온도가 모두 낮고 일조 시간도 짧으므로 작물이 더디게 자랍니다. 비료 흡수량도 적으니 한 번에 많이 주면 성장 불량의 원인이 됩니다. 비료는 조금만 줍시다.

봄/가을 비료 : 넉넉하게

비료를 잘 흡수하며, 미생물의 활동도 활발하다.

여름 비료 : 적게

비료보다 수분 부족에 주의할 것!

겨울 비료 : 적게

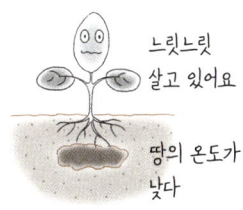

비료의 흡수량이 적으니 조금만 줘도 괜찮다.

밑거름 주기

전면 시비와 이랑 시비

밑거름은 어떻게 주느냐에 따라 효과가 달라집니다. 채소를 기를 때는 전면 시비와 이랑(작조) 시비 크게 두 가지로 나눌 수 있습니다.

● 전면 시비

전면 시비란 밭 전체에 비료를 주고 잘 갈아서 섞는 방법입니다. 비료가 바로 흙에 스며들어 효과가 빨리 나타나므로 밭두둑이 넓은 곳에 어울립니다.

또한 소송채나 시금치 등 뿌리가 얕고 넓게 퍼지는 잎채소류나 무, 당근 등 뿌리채소류에 적합합니다.

● 이랑 시비(홈 파기, 구멍 뚫기)

웃거름을 줄 수 없는 뿌리 아랫부분에 밑거름을 넣는 방법입니다. 작물 뿌리가 뻗는 하층부에 홈을 파서 비료를 넣습니다. 넣었으면 흙과 잘 섞고 뿌리가 비료에 직접 닿지 않도록 비료 위에 10~15센티미터 정도 흙을 덮은 다음에 씨를 뿌리거나 모종을 심습니다. 전면 시비보다 비료량이 적게 듭니다.

홈 파기는 두둑을 세우기 전에 두둑 중앙쯤 되는 부분에 홈을 파고 그 안에 비료를 주고 흙으로 덮은 다음, 두둑을 세우는 방법입니다. 두둑 위에 심는 작물의 간격은

50~60센티미터 정도가 좋습니다.

구멍 뚫기는 홈 파기의 일종입니다. 두둑을 세우고 구덩이를 깊게 파서 비료를 준 다음 흙과 잘 섞고 다시 메우는 방법입니다. 두 방법 모두 뿌리가 깊게 뻗은 다음에야 비료 효과를 볼 수 있습니다. 양분 농도가 높으면 뿌리가 깊숙이 뻗지 못하고 발달이 빈약해지므로 뿌리와 거리를 조금 두는 것이 중요합니다.

토마토나 가지 등 과채류의 모종을 심을 때 적합합니다. 같은 과채류라도 오이는 뿌리가 얕게 퍼지기 때문에 전면 시비가 더 적합합니다.

전면 시비와 이랑 시비 방법

전면 시비

밭 전체에 비료를 뿌리고 잘 갈아서 균일하게 흙에 스며들게 한다.

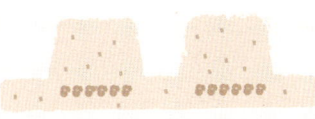

이랑 시비(홈 파기)

작물 뿌리가 뻗는 하층부에 홈을 파서 비료를 투입한다.

꽃의 경우
두둑을 세우지 않고 흙 전체에 섞은 다음, 구멍을 파서 30cm 정도 되는 위치에 뿌린다.

밑거름으로는 효과가 천천히 오래가는 완효성 비료를 넣어주면 좋아!

웃거름 주기

웃거름의 기본

웃거름은 작물이 성장하는 중에 부족한 양분을 추가로 넣는 것이 목적입니다. 따라서 일반적으로 유기질 비료처럼 효과가 늦게 나타나는 비료는 사용하지 않고 속효성이 있는 무기질 비료나 액체 비료를 사용합니다.

웃거름을 주는 방법에는 구멍 뚫기, 홈 파기, 흩뿌리기 등이 있습니다. 염류 집적이나 잎타기를 피하기 위해서 줄기 아랫부분이 아니라 이제 뿌리가 뻗을 곳의 사이 또는 두둑 양쪽 어깨나 통로에 뿌리는 것이 비결입니다.

남김없이 빠르게 효과를 보려면 비료를 줄 부분에 얕은 홈을 파서 비료를 넣은 다음 흙과 섞이도록 덮어두면 좋습니다. 흙이 메말라 있을 때는 웃거름을 준 후에 관수를 하면 효과를 더 빨리 볼 수 있습니다.

구멍 뚫기, 홈 파기, 흩뿌리기

생육 기간이 긴 채소에 웃거름을 줄 때는 그루에서 떨어진 곳에 구멍을 파서 비료를 미리 묻어두는 방법이 있습니다. 과채류처럼 그루와 그루 사이가 비교적 떨어진 작물에 사용합니다.

그루에서 떨어진 곳에 홈을 파고 그곳에 비료를 넣어 웃거름을 주는 방법도 있습니다. 파나 무처럼 일렬로 심은 작물에 사용합니다.

양파나 파 등의 모종 위에서 비료를 흩뿌리는 방법도 있습니다. 비료를 준 후에 흙을 체에 걸러 위에서 뿌려줍니다.

웃거름 주기

구멍 뚫기
생육 기간이 긴 채소에 적합하다. 그루에서 떨어진 곳에 구멍을 뚫었다가 다시 메운다.

홈 파기
일렬로 작물을 심었을 때 쓰는 방법이다. 그루에서 떨어진 곳에 홈을 파고 비료를 넣은 다음 흙을 덮는다.

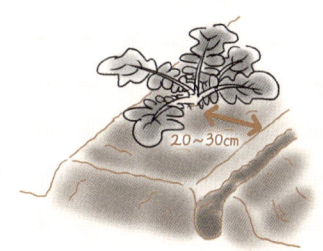

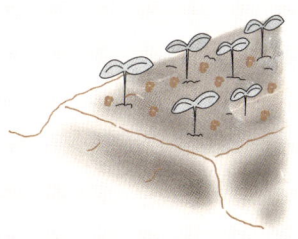

흩뿌리기
아직 생육 초기인 모종에 이용한다. 비료를 뿌린 곳에는 흙을 체에 걸러 골고루 덮는다.

웃거름을 준 후에 관수를 하면 효과가 빨리 나타나!

꽃의 웃거름

물로 묽게 만들어서 준다.
(액상)

흙의 표면에 둔다.
(알약)

그루에서 20~30cm
떨어진 위치에 홈을 파서
뿌린다.(알갱이)

웃거름은 어디다 줘야 효과적일까

식물은 뿌리에서 흙 속의 수분이나 양분을 흡수하는데, 그렇다고 뿌리 전체에서 흡수하는 것은 아닙니다. 대부분은 자라나고 있는 뿌리의 끝부분에서 흡수하지요. 그 부분의 세포에는 '근모'라고 불리는 아주 얇은 털 모양의 돌기가 뻗어 있습니다. 근모가 있기 때문에 뿌리의 표면적을 넓혀 효율적으로 수분이나 양분을 흡수할 수 있는 것이지요.

식물의 뿌리 끝부분은 지표 옆으로 뻗은 가지 끝에서 수직으로 땅에 떨어지는 부분에 있다고 하는데, 그 부분이 웃거름을 주는 장소의 기준이 됩니다.

토마토, 오이 등의 과채류처럼 가지를 자르는 것들은 실제로 훨씬 더 바깥쪽까지 뿌리가 뻗어 있지만, 밭에서는 옆의 그루나 다른 작물과의 거리를 고려해서 두둑의 어깨에 주는 것이 일반적입니다.

참고로 충분히 자란 토마토의 뿌리는 직경 2미터 정도로 뻗어 있습니다. 웃거름을 줄 때는 식물이 가장 흡수하기 쉬운 장소를 잘 따져서 주도록 합니다.

이럴 때 웃거름은 금물

작물의 성장에는 양분 이상으로 태양과 이산화탄소와 물이 중요합니다. 흙 속에 양분이 충분히 있어도 온도가 낮거나 흐린 날씨가 이어지거나 물이 부족할 때는 비료의 흡수량도 적고 성장이 느려집니다. 땅의 온도가 낮으면 미생물의 활동도 줄어들어서 비료 분해가 느려지기 때문에 양분 흡수율이 떨어집니다. 추운 겨울에 비료를 주어도 효과를 기대할 수 없지요.

당연한 사실이지만, 물이 부족해서 시들었을 때는 비료보다 물이 우선입니다. 산소 부족으로 뿌리썩음병이 발생하거나 병해충 때문에 피해를 입었을 때도 비료를 주어서는 안 됩니다. 이럴 때 비료를 주면 오히려 뿌리가 약해지기 때문이지요.

성장 기간이 긴 작물은 잎의 색이 바래면 웃거름을 주어야 합니다. 예를 들어 봄에 심은 가지에게는 장마 전, 장마 후, 초가을에 각각 한 번씩 웃거름을 주어야 합니다.

그러나 잎의 색이 옅어진 이유가 질소 부족 때문인지, 뿌리가 약하기 때문인지, 인산이나 칼륨이 부족하기 때문인지 등을 잘 판단해서 웃거름을 주어야만 실패하지 않습니다.

비료를 주는 시기를 잘 보고 필요한 양만큼 조금씩 주어서 야금야금 효과를 내게 하는 것이 웃거름을 잘 주는 비결입니다.

웃거름을 자제해야 할 때가 있다는 사실을 기억하자!

액체 비료 주기

물 대신 주는 액비

액체 비료(액비)는 속효성이 매우 높은 비료입니다. 고형 비료를 일단 흙에 뿌리고 나면 물에 녹는 시간이 필요한데, 액비는 그 시간을 단축해주기 때문에 효과가 빨리 나타납니다. 주로 모종 포트나 베란다에서 상자 재배를 할 때 웃거름으로 사용합니다. 봄처럼 작물이 잘 자랄 때나 웃거름의 비효가 나타나지 않아 바로 효과를 보고 싶을 때도 매우 유용한 비료이지요.

규정 농도로 묽게 만들면 뿌리나 잎에 직접 닿아도 걱정이 없습니다. 나머지는 흘러나가기 때문에 관수 대신 줍니다. 그래서 비효는 오래 지속되지 않고 일주일 정도면 끝이 납니다. 성장을 확인하면서 일주일 간격으로 주어야 합니다.

액비나 작물의 종류에 따라 희석 배율이 다르므로 각 액비에 기재된 배율을 지켜서 그때그때 필요한 양의 물에 액비를 넣어 묽게 만듭니다. 장마철이나 성장이 왕성할 때는 조금 진하게, 건조할 때는 묽게 하는 대신 더 자주 주는 것이 비결입니다.

액비는 질소와 칼륨이 중심

과석 같은 인산 비료를 밑거름으로 주었다면 액비로 웃거름을 줄 때는 질소와 칼륨 중심으로 주어도 충분합니다. 인산은 잘 흘러나가지 않기 때문에 웃거름으로 질소와 칼륨만 보충하면 됩니다.

단, 화초나 난초 등의 꽃눈이 생기기 전후에는 질소를 끊고 인산을 늘리면 꽃눈이 건강하게 트기 때문에 그때는 인산이 많은 액비를 쓰는 것이 효과가 있습니다.

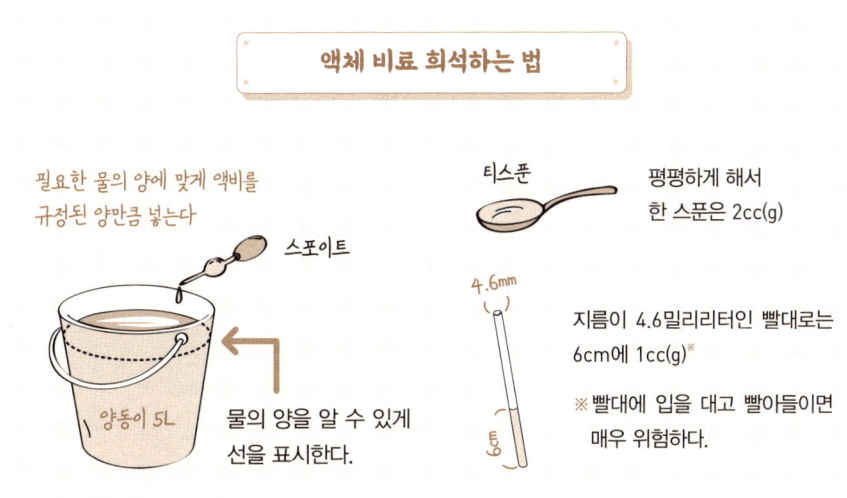

농도	물의 양(L)	액비cc(g)
500배	1	2
	5	10
	10	20
1,000배	1	1
	5	5
	10	10

성장기, 장마철 – 조금 진하게 / 건조기, 가을철 – 조금 묽게

액비에 물을 더해가며 녹이면 안 돼. 필요한 물의 양에다가 규정된 양의 액비를 넣는 거야.

발효 비료 사용법

가정 원예도 웃거름으로 편리하게

발효 비료란 유박, 뼛가루, 쌀겨, 우분 등 식물질이나 동물질의 유기질 비료를 겹겹이 쌓아서 발효시킨 비료를 말합니다. 이들 유기질 비료에 토양 개량 자재(목탄, 제올라이트 등)나 흙을 혼합하는 방법도 있습니다.

발효 비료는 발효시켰기 때문에 흙 속 미생물의 움직임을 촉진하는 효과가 있고, 밭에 주고 나서 비교적 빨리 반응이 나타납니다. 비료 효과는 천천히 조금씩 나타나기 때문에 성장 장애를 일으키지 않고 작물에 양분을 흡수시킬 수 있습니다.

발효 비료는 만드는 법이 농가마다 다르다고 할 만큼, 주변에 있는 것을 잘 사용해서 각자의 밭에 어울리는 발효 비료를 만들 수 있습니다. 식물질 재료로 만들면 칼륨이 많고 인산이 적어지며, 동물질 재료로 만들면 인산이 많고 칼륨이 적어지므로 잘 조합하면 균형이 맞는 비료를 만들 수 있습니다.

가정에서도 발효 비료를 편리하고 간편하게 이용할 수 있어서 가정 원예나 상자 재배를 할 때 많은 도움이 됩니다.

발효 비료의 기본

발효 비료를 만들 때는 유기물과 발효 촉진 재료를 섞은 다음, 수분을 적당히 더해 발효하는 것이 기본입니다. 성분은 배합 재료에 따라 달라집니다. 일반적으로는 질소 2.5퍼센트, 인산 2.5퍼센트, 칼륨 1퍼센트 정도가 적당합니다.

발효 비료에는 가축분이나 음식물 쓰레기 등을 사용하기 때문에 만드는 과정에서 냄새가 납니다. 냄새가 걱정된다면 앞서 언급한 훈탄이나 제올라이트를 혼합하면 좋습니다.

발효 비료와 어울리는 유기질 자재

쌀겨	쌀 껍질이라 유분이 많고 잘 썩지 않는다. 비료 성분이 풍부하고 비타민이나 미네랄도 함유하고 있어 발효 비료의 발효재로 적합하다.
유박	저렴하며 질소 비료의 대표격이다. 흙 속에서 분해되는 과정 중에 암모니아가 잘 발생하므로 발효 비료의 재료에 적합하다.
비지	질소가 많고 인산이 적다. 질소분이 높아서 미생물의 분해가 진행되므로 발효 비료의 재료에 적합하다. 생비지는 부패하기 쉬우므로 빨리 처리해야 한다.
커피 찌꺼기	다공질 형태를 띠기 때문에 수분이나 냄새나는 성분을 흡수한다. 비지나 쌀겨 등 비료 성분이 많은 것과 혼합하면 발효가 진행된다.
계분	질소와 인산이 많고 양분 균형이 잡힌 자재이므로 발효 비료의 재료로 효과적이다. 발효 비료에 사용할 때는 발효 계분보다 건조 계분이 좋다.
생선 찌꺼기	질소와 인산이 많고 비료로서 효과가 뛰어나다. 발효 비료에 사용할 때는 초목회 등을 넣어 칼리분을 보급하면 균형이 잡힌다.

발효 비료 만드는 법

친숙한 재료를 사용해서 발효 비료 만들기

쌀겨나 유박 등 유기질 비료를 겹겹이 쌓아 발효시키는 발효 비료는 분해가 잘되어 있어서 흙 속의 미생물을 활발하게 만들어주고, 식물에 균형 잡힌 비료 성분을 공급합니다.

발효 비료를 만드는 방법은 다양합니다. 주변에 있는 친숙한 재료를 사용해서 자신의 밭과 잘 맞는 발효 비료를 만들어보세요.

발효 비료 만드는 법

❶ 오른쪽에 적혀 있는 대로 각각의 유기 비료를 양동이에 넣는다.

유박 2kg, 계분 1kg, 생선 찌꺼기 1kg, 쌀겨 500g, 뼛가루 1kg

❷ 물 3~4L를 넣고 잘 섞는다.

❸ 살짝 습한 밭의 흙 5kg을 준비한다. 빈 양동이에 ②의 비료와 흙을 층별로 겹겹이 샌드위치처럼 쌓는다. 가장 아래층과 가장 위층은 흙으로 쌓고, 마지막에 뚜껑을 닫는다.

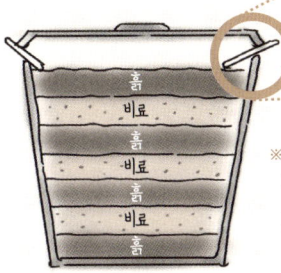

※뚜껑과 양동이 사이에 나무젓가락 같은 막대기를 끼워서 틈을 살짝 벌어지게 한다.

❹ 일주일에 1~3회 모종삽으로 골고루 뒤엎는다.

뒤엎을 때 나오는 암모니아 냄새가 강렬하니 이웃집에 민폐를 끼치지 않도록 주의하자.

❺ 2~4주 만에 완성!

질소 2.5%
인산 2.5%
칼륨 1%

❻ 보관하기 전 그늘에 펼쳐서 건조하고 종이봉투에 넣어둔다.

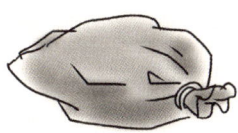
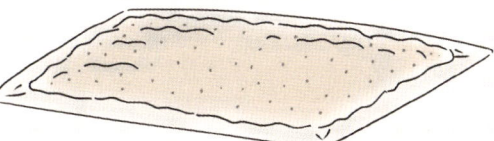

비료 사용법　147

페트병 발효 비료 (음식물 쓰레기+부엽토)

재료 음식물 쓰레기(대충 잘라놓기) 100g, 건조한 부엽토 또는 퇴비 150g, 용량 1.2L 이상의 페트병(윗부분을 잘라놓기), 거즈, 고무줄, 보관용 골판지 박스

❶ 부엽토 50g을 페트병 바닥에 깐다.

❷ 부엽토 50g과 음식물 쓰레기를 섞어서 ① 위에 놓는다.

❸ 나머지 부엽토 50g을 제일 위에 둔다.

❹ 벌레를 막기 위해 거즈나 촘촘한 천 등을 페트병 입구에 씌우고 고무줄로 고정한다.

❺ 골판지 박스에 넣고 햇볕이 잘 드는 곳에 놓는다. 페트병 여러 개를 한꺼번에 같이 넣어도 좋다. 약 4주 동안 하루에 한 번 병 속 내용물을 섞어준다.

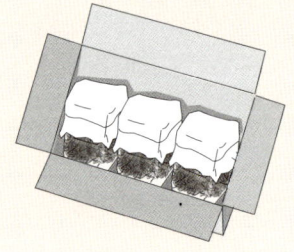

비닐봉지 발효 비료 (음식물 쓰레기+쌀겨+흙)

재료 음식물 쓰레기(대충 잘라놓기) 250g, 건조한 흙이나 부엽토 500g, 쌀겨 15g, 비닐봉지, 보관용 골판지 박스

❶ 음식물 쓰레기에 쌀겨를 묻는다.

❷ ①과 흙을 합쳐서 비닐봉지에 넣는다.

❸ 비닐봉지를 주무르듯 잘 섞는다.

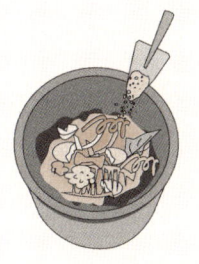

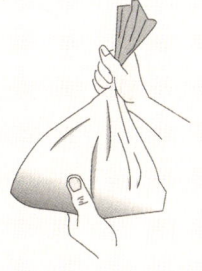

❹ 입구를 묶지 않고 돌돌 말아 보관한다. 박스에 넣고 햇볕이 잘 드는 곳에 둔다. 봉지 몇 개를 겹쳐 놓아도 좋다. 2주가 지난 후부터는 정기적으로 ③의 방법대로 봉지 안을 잘 섞어준다.

찾아보기

A~Z/숫자
3요소 101, 104
CEC 29, 31
EC 미터 50, 51
pH 26, 29, 46~51

가
건조 계분 112, 145
경석 80, 82, 84
계분 퇴비 60
고토석회 63, 64, 92, 94
고형 비료 116, 117
과인산칼슘 66, 94, 95
광합성 24, 25, 33, 103

나
논흙 79, 82, 83, 94

다
단비 113, 114, 118, 123, 125, 129
돌려짓기 39
떼알 구조 22, 29, 43, 52, 56, 60, 111

라
리트머스 시험지 46, 48

마
마그네슘 29, 46, 62, 63, 102~105, 107~109, 111, 123
멀칭 69, 71~73
모래 20, 21, 23, 43, 80
무기질 비료 16, 74, 92, 110, 111, 113, 114, 116, 118, 121, 124, 125, 128, 130, 138
물리성 18, 26, 27, 42
미사 16, 21
미생물 32~36, 38~40, 52, 53
밑거름 51, 54, 68, 69, 95, 117, 119, 122, 123, 128~132, 136, 137

바
발효 계분 112, 145
발효 비료 144~146, 148, 149
밭흙 72, 79, 80, 94
배수 20~22, 27, 76
배양토 76, 78, 86, 89, 92, 93
배합 비료 104, 113, 122
병원균 36, 37, 39, 72, 74, 79, 96
보비력 29, 31, 43, 79, 80, 84, 89, 93, 94, 125, 128, 129
부엽토 23, 60, 61, 79, 83~85, 94, 95, 100, 148, 149
분갈이 90
비료 효과 92, 110, 117, 118, 124, 131, 137, 144
비료량 130, 132, 134, 136
뿌리썩음병 27, 83, 85, 141

사
사토 20
산성 17~19, 26, 29, 30, 45~49, 62~66, 94, 109, 114
생물성 52, 53
석회 자재 46, 59, 62~65, 67~68
석회암 17, 63
소석회 63, 64
속효성 비료 118, 130
식토 20
심토 44, 82
쌀겨 110, 112, 144~146, 149

아
알루미늄 29, 30, 49, 62, 109
알칼리성 26, 29, 46, 63, 66, 67, 109
알칼리화 65, 66, 67, 123
암모니아태 49, 104
액체 비료 78, 114, 116, 123, 138, 142, 143
양토 20, 119

연작 장해	70	**카**	
염기성	17, 49	칼륨	18, 29, 50, 60, 101~104, 107, 109, 111, 113, 121, 123, 129~133, 143, 144, 145
염류 농도	29, 50, 51		
옮겨심기	89, 90		
완효성 비료	78, 118, 119	칼슘	16, 18, 29, 46, 49, 62, 102~109, 122
용성인비	59, 94, 113, 114, 122		
우분 퇴비	60, 84, 95		
웃거름	92, 101, 114, 117, 119, 122, 123, 129, 131, 134, 136, 138~143	**타**	
		탄산칼슘	63~65
		태양열 소독	71, 74, 96~98
유기물	14, 15, 18, 23~25, 27, 32~34, 38, 40, 43, 53, 60, 100	텃밭	13, 45, 54
		토양	16~19
		토양 검정	54
유기질 비료	24, 27, 74, 79, 92, 95, 110~113, 120~122, 124, 125, 130, 138, 144, 146	토양 소독	71, 74, 122
		퇴비	60, 61, 74, 79, 83, 84
유박	110, 112, 121, 122, 144, 146	**하**	
이어짓기	39, 45	홈 파기	136~139
자		홑알 구조	22, 23
작토	44	화분	76, 86~91
재배용 흙	76~86, 92, 94~98	화학성	26, 27, 29, 32, 46, 50
재생토	79, 98	흑토	18, 79, 80, 82~84, 94
적토	79, 80, 84, 94, 95	흙	12~31
전면 시비	136, 137	흙 만들기	26, 38, 46, 58, 59, 100, 101, 114, 128, 129
점토	14~18, 20~23, 27, 29, 43		
지효성 비료	120	흙 소독	74, 78, 96
질산태	34, 49	흡수력	79~84, 89
질소	29, 34, 49, 50, 51, 101~106, 108, 109, 112~115, 122~125, 128~133, 143, 145	흙뿌리기	138, 139
질화균	34, 35, 49		
차			
체관	24, 25		
초목회	112, 123		

옮긴이 김소영

어릴 적부터 독서를 좋아하던 옮긴이는 일본에서 일하던 중, 다른 나라 언어로 쓰인 책의 재미를 우리나라 독자에게 전달하고자 하는 마음으로 번역을 시작했다. 저자의 색깔이 녹아든 번역을 추구한다. 현재는 엔터스코리아에서 출판 기획 및 일본어 전문 번역가로 활동 중이다.

옮긴 책으로는 《읽자마자 수학 과학에 써먹는 단위 기호 사전》《컨디션만 관리했을 뿐인데》《심리학 용어 도감》《재밌어서 밤새 읽는 유전자 이야기》《슬기로운 수학 생활》 등이 있다.

텃밭 농사 흙 만들기·비료 사용법 교과서
기본부터 알려주는 흙 진단, 거름주기, 석회 주기, 비료 주기, 흙 소독하기

1판 1쇄 펴낸 날 2022년 4월 5일

지은이 이에노히카리협회
감수 고토 이쓰오(일본어판), 하상건(한국어판)
옮긴이 김소영
주간 안채원
책임편집 윤대호
편집 채선희, 이승미, 윤성하, 장서진
디자인 김수인, 김현주, 이예은
마케팅 함정윤, 김희진

펴낸이 박윤태
펴낸곳 보누스
등록 2001년 8월 17일 제313-2002-179호
주소 서울시 마포구 동교로12안길 31 보누스 4층
전화 02-333-3114
팩스 02-3143-3254
이메일 bonus@bonusbook.co.kr

ISBN 978-89-6494-541-4 03520

• 책값은 뒤표지에 있습니다.

SELF 자급자족 시리즈
자연과 사람을 위한 지식

낚시 매듭 교과서
다자와 아키라 지음
128면 | 10,800원

농촌생활 교과서
성미당출판 지음
272면 | 16,800원

매듭 교과서
니혼분게이샤 지음
224면 | 9,800원

무비료 텃밭농사 교과서
오카모토 요리타카 지음
264면 | 16,800원

부시크래프트 캠핑 교과서
가와구치 타쿠 지음
264면 | 18,000원

산속생활 교과서
오우치 마사노부 지음
224면 | 15,800원

전원생활자를 위한 자급자족 도구 교과서
크리스 피터슨·필립 슈미트 지음
236면 | 17,800원

집수리 셀프 교과서
맷 웨버 지음
240면 | 18,000원

태양광 메이커 교과서
정해원 지음
192면 | 16,800원

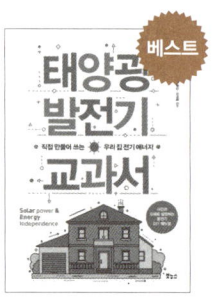

태양광 발전기 교과서
나카무라 마사히로 지음
184면 | 13,800원

텃밭 농사 흙 만들기·비료 사용법 교과서
이에노히카리협회 지음
152면 | 16,800원